Bon Dia

Curaçao

Urlaub

2017

Der kleine Reiseführer

Von

Elke Verheugen

Elke Verheugen, geboren 1958 in Brühl, studierte Kommunikationswissen-schaften und war lange Jahre Werbe- und Sponsoringleiterin in verschiede-nen Unternehmen, bevor sie sich 2002 selbständig machte und Christopher Böhm kennen lernte. 2009 haben sie geheiratet und sind nach Curaçao „umgezogen", wo sie die Don Genaro Appartement Anlage aufgebaut haben und seither betreiben.

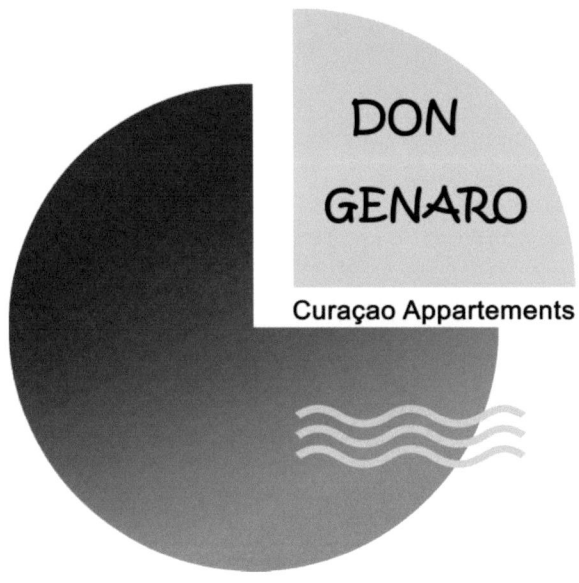

Die Don Genaro Appartements wurden bereits 2014 von HolidayCheck zum beliebtesten Hotel /Appartement der Region ausgezeichnet.

Die Deutsche Bibliothek verzeichnet diese Publikation
in der Deutschen Nationalbibliografie; detaillierte Daten sind
im Internet über http://dnb.d-nb.de abrufbar.

ISBN: 9783842350410
5. überarbeitete Auflage, Juni 2016
Herausgeber und Autor: Elke Verheugen
Herstellung + Verlag: BoD - Books on Demand, Norderstedt
Satz, Layout und Titel: Christopher Böhm
Korrektorat und Lektorat: Elke Verheugen
Fotos: Angelika Bayer, Steffen Brunk, Christopher Böhm, Jens Fussan,
Hans-Wilhelm Grömping, Christoph Huster, Lena Post, Ulrike Verheugen
u. v. m.

Inhalt

TEIL C: Outdoor

Vorwort und Einleitung

Curaçao ist nicht irgendeine Insel. Für viele ist sie die schönste Insel in der Karibik. Ganzjährig warm und meistens sonnig und trocken ist Curaçao dennoch viel grüner als viele denken. Auf Curaçao finden Sie keinen Massentourismus und trotzdem eine Infrastruktur, die den Urlaub angenehm macht. Und: Curaçao ist vielfältig. Das Meer und die Natur sind einzigartig aber auch für kulturell interessierte Menschen hat die Insel viel zu bieten.

Für alle, die ihren Urlaub relaxt und gleichzeitig aktiv angehen wollen, ist dieser Reiseführer geschrieben. Denn auf Curaçao kann man wunderschön beides miteinander kombinieren. Curaçao ist eine Insel für Menschen, die das Meer und die Natur lieben. Allein ca. 160 Vogelarten sind hier beheimatet und eine schier unendliche Zahl an exotischen Tieren und tropischen Pflanzen. Die Sport- und Freizeitaktivitäten bringen Aktivität in den Urlaub und sorgen für ein unvergessliches Naturerlebnis. Der kleine Reiseführer „Bon Dia Curaçao" bietet jetzt alle Informationen, die man wirklich braucht auf einen Blick - kompakt, übersichtlich, aktuell und mit vielen echten Insider-Tipps, denn die Autorin lebt seit über 5 Jahren auf der Insel und weiß so genau wo es am schönsten ist. Der Reiseführer ist übersichtlich in drei Teile gegliedert:

Teil A: Zahlen, Daten und Fakten

In Teil A des Reiseführers finden Sie alles Wissenswerte und Wissensnotwendige über die Insel Curaçao. Hier finden Sie zum einen z.B. den geschichtlichen Abriss der Insel, aber zum anderen auch genauere Angaben über die aktuellen Lebenshaltungskosten.

Teil B: Sehenswürdigkeiten und Sehenswertes

Teil B beschreibt die Sehenswürdigkeiten und die schönsten Ausflugsziele. Hier finden Sie auch die besten Restaurants, die schönsten Strandbars und die angesagtesten Clubs und Diskotheken. Außerdem neu in Teil B: ein Kapitel über die wichtigsten Shoppingmeilen und Einkaufsmöglichkeiten.

Teil C: Outdoor

Teil C ist unter anderem der Flora und Fauna gewidmet. Darüber hinaus berichten wir über die einzigartige bunte Architektur Curaçaos und zeigen Ihnen die interessantesten Landhäuser und Forts auf. Im Hauptkapitel „Sport- und Freizeitaktivitäten" beschreiben wir die Outdoor-Freizeit-Möglichkeiten. Dem Meer und den Stränden wird in diesem Buch natürlich besondere Aufmerksamkeit gewidmet, denn das türkisblaue karibische Meer ist atemberaubend schön und Curaçao ist eines der letzten Taucherparadiese mit einer intakten Unterwasserwelt.

TEIL A: Zahlen, Daten, Fakten

Land, Lage und Klima

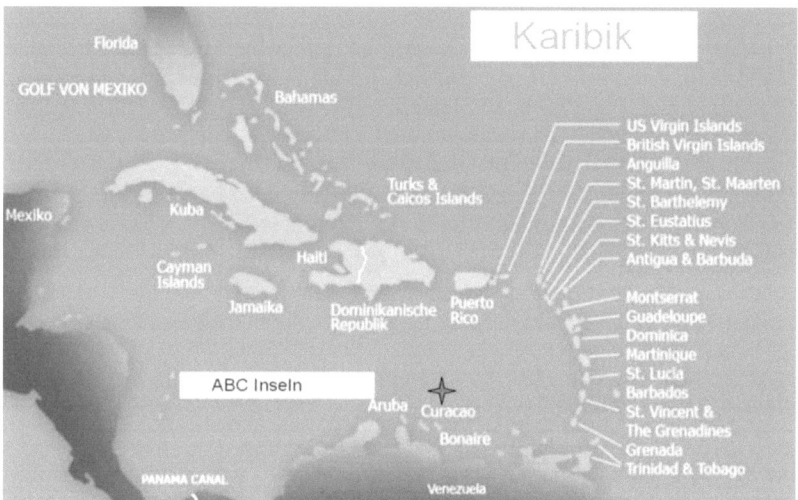

Lage von Curaçao / Karibische Inseln   -   Koordinaten: Willemstad: 12° 6' N, 68° 56' W

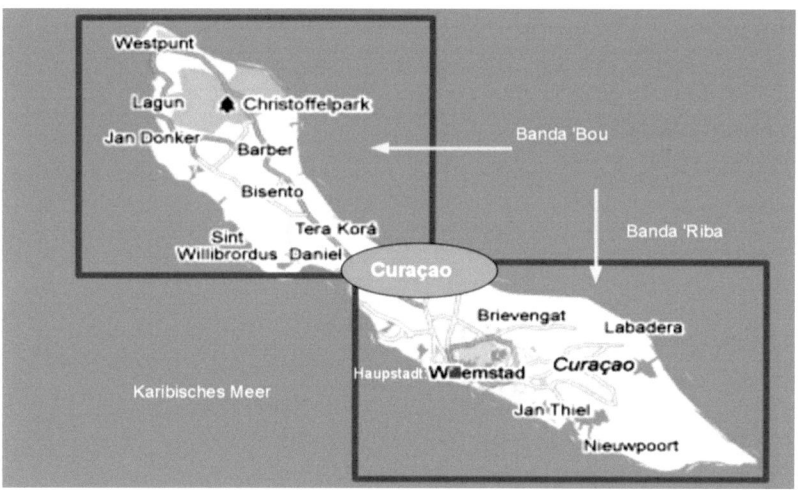

Nordwesten = Banda 'Bou / Südosten = Banda 'Riba

Curaçao liegt etwa 60 km vor der Küste Venezuelas im Karibischen Meer und nordöstlich von Kolumbien. Sie gehört zu den 'Inseln unter den Winden' und liegt daher außerhalb des 'Hurrikan Gürtels'. Auch Erdbeben, Waldbrände oder Überschwemmungen, so wie man es Jahr für Jahr von anderen Erdteilen gewohnt ist zu hören, gibt es hier nicht.

Curaçao mit der Hauptstadt Willemstad ist die größte Insel der ehemaligen Niederländischen Antillen und zugleich Teil der ABC-Inseln, zu denen auch Aruba und Bonaire zählen. Die Insel ist 444 Quadratkilometer groß, ca. 61 km lang und zwischen 5 und 14 km breit. Der Sint Christoffelberg ist mit 375 Metern die höchste Erhebung der Antilleninsel.

Curaçao wird geografisch unterschieden in Banda Abou (das Gebiet nordwestlich von Willemstad) und Banda Ariba (das Gebiet um Willemstad bzw. östlich von Willemstad).

Curaçao ist ein Ganzjahres-Reiseziel, da die Tagestemperaturen ganzjährig zwischen 29 und 32 Grad Celsius liegen. Ein steter Passatwind, der immer für eine frische Brise sorgt, bringt wohltuende Abkühlung. Die Wassertemperatur beträgt durchschnittlich angenehme 26 Grad. Nachts kühlt es sich kaum unter 24 Grad ab.

Zwischen November und Januar herrscht Regenzeit, d.h., hier kann es zu heftigen, aber meist kurzen Regenfällen kommen. Nur in Ausnahmefällen regnet es den ganzen Tag oder sogar mehrere Tage. In dieser Zeit ist auch die Luftfeuchtigkeit mit über 75 % am höchsten.

Klima Curacao	Jan	Feb	Mrz	Apr	Mai	Jun	Jul	Aug	Sep	Okt	Nov	Dez		
Max. Temperatur (°C)	29,2	29,4	29,9	30,4	31,1	31,4	31,4	31,9	32,3	31,5	30,7	29,8	Ø	30,8
Min. Temperatur (°C)	23,9	24,0	24,4	25,0	25,8	25,9	25,7	26,0	26,3	25,9	25,3	24,4	Ø	25,2
Niederschlag (mm)	46	28	15	19	25	21	34	41	45	83	96	99	Σ	552
Sonnenstunden (h/d)	8,2	8,6	8,6	7,9	7,8	8,5	9,1	9,3	8,5	7,9	7,6	7,5	Ø	8,3
Regentage (d)	8	5	3	3	3	3	6	5	5	8	10	12	Σ	71
Wassertemperatur (°C)	26	25	26	26	26	27	27	28	28	28	28	27	Ø	26,8
Luftfeuchtigkeit (%)	76	75	74	75	77	76	76	76	75	77	78	77	Ø	76

Klimatabelle

Geschichte

Curaçao war seit ungefähr 4000 v. Chr. von indianischen Ureinwohnern besiedelt. Eine weitere, höher entwickelte indianische Kultur bildete sich nach einer zweiten Besiedlungswelle um ca. 1500 v. Chr. Die Zeichnungen sind heute noch an der Hato-Höhle sichtbar.

Die europäische Entdeckung fand 1499 durch Alonzo di Ojeda, einem ehemaligen Begleiter Christoph Columbus, statt, der auf dessen zweiten Amerikafahrt, eine Expedition von der Insel Hispaniola aus startete und so als erster Europäer auf Curaçao landete.

1501 wurde Alonzo di Ojeda Gouverneur der venezolanischen Küste und war somit auch zuständig für die ABC-Inseln.

1513 tauchten die ABC-Inseln zum ersten Mal auf einer Weltkarte des Kartographen Juan de la Casa auf. Die Entdeckung durch den Spanier Alonso de Ojeda führte bereits nach wenigen Jahren dazu, dass die indianischen Ureinwohner zur Zwangsarbeit aufs Festland deportiert wurden.

1520 lebten kaum noch Menschen auf den Inseln.

1526 wurde der Rücktransport der noch lebenden Sklaven von der Insel Hispaniola angeordnet und so wurden sie mit Viehherden zurückgebracht. Hier dienten die Indios den Spaniern als Hirten.

1568 erklärten die Vereinigten Niederlande ihre Unabhängigkeit von Spanien. Ein langer Krieg zwischen beiden Nationen begann und die Niederländer lieferten sich einige Kämpfe mit der Spanischen Flotte.

1621 wurde die West Indian Company (WIC) in Amsterdam gegründet und arbeitete fortan in enger Kooperation mit der holländischen Regierung zusammen. Das erklärte Ziel dieser Gesellschaft war es, den Handel und Wandel in der Karibik zu schützen.

1634 eroberten die Holländer Curaçao von den Spaniern und1636 fielen auch Aruba und Bonaire in die Hände der Holländer. Bonaire diente dabei nur als Versorgungsplantage für Curaçao.

Ab dem 17. Jahrhundert wurden auf Curaçao Sklaven für den Salzabbau eingesetzt. Unter dem neuen Direktor der WIC – Peter Stuyvesant – wurde die Insel Curaçao zum größten Flottenstützpunkt und größten Sklavendepot der Holländer ausgebaut. Stuyvesant, der der Insel bis 1642 vorstand, bevor er Gouverneur von Neu Amsterdam (heute New York) wurde, forcierte den Sklavenhandel enorm. Jeder fünfte Sklave, der von Afrika verschleppt wurde, kam nach Curaçao zur 'Erholung', um somit eine Wertsteigerung zu erfahren.

Nach 1648 und dem westfälischen Friedensschluss liberalisierte sich der Handel und Curaçao wurde zur Anlaufstelle für Handelsschiffe aller Nationen. Während der spanisch-portugiesischen Auseinandersetzung 1654 kamen viele Juden aus Brasilien nach Curaçao und verhalfen der Insel mit ihren guten Handelskontakten und Geschäftserfahrungen im 17. und 18. Jahrhundert zu Wohlstand. So wurde Curaçao zum blühenden Handelszentrum der Karibik. Der Salzhandel blühte und die gute strategische Lage der Insel führte dazu, dass Curaçao bei den Niederländern, den Engländern und den Franzosen immer wieder zum Streitobjekt wurde.

Holland etablierte sich in der zweiten Hälfte des 17. Jahrhunderts an der Seite Englands zur größten Sklavenhändlernation Europas. Zu Hochzeiten wurden durch die Depots der Insel mehr als eine halbe Million afrikanische Sklaven geschleust. Auseinandersetzungen zwischen England und Frankreich beeinträchtigten jedoch den Handel auf Curaçao. Der französische Pirat Cassard eroberte 1713 die Insel und ließ sich nur durch eine Zahlung von 115.000 Pesos und 200 Sklaven bewegen die Insel wieder zu verlassen. 1792, nach dem Niedergang der West Indian Company, wurde Bonaire Besitz der Niederländischen Krone. Der Krieg in Europa hatte ebenfalls Auswirkungen auf die ABC-Inseln. Überfälle von Briten und Franzosen häuften sich. Am 17.08.1795 zettelten die Sklaven auf Curaçao einen Aufstand an, der einige Wochen später blutig niedergeschlagen wurde. Die Anführer Carpata und Tula werden zu Tode verurteilt und hingerichtet.

Zwischen 1800 und 1816 ergriffen die Briten die Macht auf Curaçao und eroberten 1805 – im Zuge des Napoleonischen Krieges in Europa – die Insel Aruba. 1807 wurde Bonaire ebenfalls britisch. 1816 (Wiener Kongress) gab Großbritannien die ABC-Inseln an die Niederlande zurück. Der erste niederländische Generalgouverneur der ABC-Inseln wurde Albert Kikkert.

Ab 1860 verlor Curaçao an wirtschaftlicher Bedeutung, die sie erst mit den Erdöl-Entdeckungen wieder erhöhen konnte.

1863 hob die Niederlande als letztes europäisches Land die Sklaverei auf und entließ allein auf Curaçao 6.751 Sklaven in die Freiheit. Jeder Sklave bekam – nach der sogenannten 'paga tera' Vereinbarung – ein Stück Land zum Bewirtschaften.

Bei der Entdeckung des Öls in der Maracaibo-See vor Venezuela entschied sich die Caribbean Petroleum Kompanie 1914 auf Curaçao eine Raffinerie zu bauen. Im Mai 1918 war diese betriebsbereit. Die 440 Hektar große Raffinerie in Schottegat (ab 1960 in den Händen von Shell Curaçao N.V.) beschäftigte zu den besten Zeiten mehr als 2.500 Menschen aus aller Herren Länder. In dieser Zeit stiegen die Preise schneller als die Löhne und traditionelle Handwerksbetriebe gaben ihr Geschäft auf, um auch ein Stück vom Ölwirtschafts-Kuchen ab zu bekommen. Die Kluft zwischen Arm und Reich wurde im Laufe der Jahre immer größer. Hinzu kam, dass im Rahmen der wirtschaftlichen Entwicklung immer mehr Einwanderer auf die Insel strömten. 1954 gewährte Holland seinen karibischen Kolonien die Selbständigkeit. Die insgesamt sechs Inseln (Aruba, Curaçao, Bonaire, Saba, Sint Eustatius und Sint Maarten) bildeten den Verbund der niederländischen Antillen. Die

Niederländischen Antillen waren seither innenpolitisch völlig autonom, lediglich die Außen- und Verteidigungspolitik wurde durch die Niederlande wahrgenommen.

1969 kam es nach Lohnkürzungen zu heftigen Demonstrationen vor den Toren der Raffinerie auf Curaçao. Die Inselregierung ließ hart durchgreifen und erschoss einige Demonstranten, worauf es zu einer heftigen Eskalation kam. Niederländische Fallschirmjäger unterstützten die Regierung, um die Lage auf Curaçao wieder unter Kontrolle zu bringen, was ihnen nach einigen Wochen auch gelang. Größere soziale Gerechtigkeit und ein stärkeres Engagement der Regierung in der Wirtschaft waren die Ziele der 70er und 80er Jahre.

1985 zog sich Shell aus Curaçao zurück. Die alte Raffinerie wurde für einen symbolischen Dollar an die Regierung verkauft, die wiederum die Raffinerie an eine venezolanische Erdölgesellschaft vergab.

1986 verließ Aruba den Verband der Niederländischen Antillen und wurde autonomer Teil des niederländischen Königreiches.

1997/1998 wurde die Hauptstadt von Curaçao von der UNESCO zum Weltkulturerbe erklärt.

Bis zum Zeitpunkt als die Niederländischen Antillen am 10.10.2010 aufgelöst wurden, war Curaçao die Hauptstadt des Verbundes.

2010 wurde auch Curaçao selbstständig und zum eigenständigen Land innerhalb des Königreichs der Niederlande ernannt.

Bevölkerung, Sprache und Religion

Auf Curaçao leben 151.892 Einwohner (Stand: 2012) aus über 40 Nationen, davon allein 101.096 in und um Willemstad. Die Bevölkerungsdichte beträgt durchschnittlich 342 Einwohner pro km².

Aufgrund der vielen Nationalitäten gibt es entsprechend viele Religionen auf der Insel. Der weitaus überwiegende Teil der Bevölkerung, ca. 80 %, ist jedoch römisch-katholisch.

Die Lebenserwartung liegt bei durchschnittlich 76,16 Jahren.
Die Geburtenrate liegt bei 2,2 Kindern.

Die ursprünglichen Einwohner Curaçaos waren die Arawak-Indianer, von denen nur noch sehr wenige auf der Insel leben.

Heute gibt es ebenfalls noch Nachfahren von sephardischen Juden, die im 17. Jahrhundert aus Spanien und Portugal vor der Inquisition geflohen waren. Darüber hinaus leben hier Gastarbeiter und ehemalige Gastarbeiter aus

Asien, Südamerika und aus anderen Teilen der Karibik, die in der Zeit der Ölindustrie, Anfang des 20. Jahrhunderts, hierhergekommen sind.

Die Atmosphäre auf der Insel und die Lebensweise der so bunt gemischten Bevölkerung sind einzigartig. Die unterschiedlichen Völkergruppen haben sich im Laufe der Zeit – so scheint es - verschiedene Wirtschaftsbereiche gesichert.

Die asiatischen Momente auf der Insel begegnet man z.B. in Gestalt der Minimärkte, die auch „Tokos" genannt werden.

Auch die stolzen Südamerikaner haben deutliche Spuren in der Alltagswelt hinterlassen, denn sie waren und sind oft in der Baubranche tätig oder stehen in der Hauptstadt Willemstad mit ihren Souvenir-Ständen.

Portugiesen sind hier häufig für die Pflanzen und Bäume zuständig und die Inder für die Bekleidung.

Holländer haben oft Restaurants oder andere hochwertigere Geschäfte. Sie sind es auch, die neben den großen Hotels die kleineren Apartmenthäuser betreiben. Man findet diese Bevölkerungsgruppe aber auch im Immobiliengeschäft sowie im Consulting- und Trust -Business.

Die Niederländer machen mit nur ca. 6 % nur einen kleinen Teil der Bevölkerung aus. Der weitaus größte Teil der Bevölkerung von Curaçao sind die Nachfahren der afrikanischen Sklaven.

Diese „wirklichen Einheimischen" sind häufig einfache und bescheidene Menschen. Sie brauchen nicht viel zum Leben und wirken dennoch entspannt – ja glücklich.

Nicht zuletzt durch die Erlangung der Selbständigkeit und die stärkere Betonung der eigenen Identität erwachsen immer mehr junge Menschen mit einer Mischung aus Selbstbewusstsein und Coolness.

All diese Menschen und Völkergruppen - so scheint es - haben sich auf der Insel Curaçao darauf geeinigt friedvoll und tolerant miteinander zu leben und im Alltag dies durch eine natürliche Freundlichkeit zu beweisen.

Die afrikanische Vergangenheit spiegelt sich auch sehr stark in der heutigen Umgangssprache Papiamento (eine Mischung aus Portugiesisch, westafrikanischen Sprachen, der Indianersprache Arawak, Spanisch, Niederländisch und Englisch) wider, die damals als Kommunikation zwischen Besitzer und deren Sklaven ihren Ursprung fand.

Niederländisch, Spanisch und Englisch wird fast überall gesprochen. Papiamento ist jedoch die vorherrschende Umgangssprache und wer ein paar Sätze Papiamento sprechen kann, erobert die Herzen der Einheimischen im Nu.

Der kleine Papiamento Wortschatz

Willkommen	Bon Bini
Curaçao	Kòrsou
Ja	Si
Nein	No
Guten Morgen	Bon Dia
Guten Tag (ab 12 Uhr)	Bon Tardi
Guten Abend	Bon Nochi
Tschüss	Ayo
Danke	Danki
Süße/r	Dushi
Gut (schön, nett)	Bon
Wie geht es?	Kon ta bai?
Mir geht es gut	Mi ta bon
Sehr gut	Hopi Bon
Ich gehe nach Hause	Mi ta bai kas
Bitte	Por fabor
Gern geschehen	Di nada
Wie heißt Du?	Kon bo yama?
Ich heiße…	Mi yama ...
Bis später	Te otro biaha
Was ist das?	Kiko esaki ta?
Wasser	Awa
Essen/Nahrung	Kuminda
Sehr gut	Hopi dushi
Was kostet das?	Kuantu e ta kosta?
Geld	Plaka
Schönen Tag	Felis Dia
Schöne Woche	Bon Siman

Multikulturelle Gesellschaft

Willemstad / Punda, Weltkulturerbe:Handelskade

Politik und Wirtschaft

Staatsoberhaupt: König Willem-Alexander, seit April 2013
                         vertreten auf Curaçao durch die Gouverneurin
                         Lucille George Wout seit November 2013.

Curaçao ist ein 'autonomes Land' innerhalb des Königreiches der Niederlande. 'Autonomes Land' heißt, dass von Schulwesen bis Höchstgeschwindigkeit und von Polizei über Medien bis Sozialversicherung alles autonom von der Insel geregelt wird. Nur die Außenpolitik, Verteidigung (Armee) und das Passwesen (Staatsangehörigkeit) wird noch durch Den Haag geregelt. Man kann also im Inneren tun und lassen, was man will. Trotzdem haben alle Einwohner einen niederländischen Pass und die Rechte eines EU-Mitgliedes, obwohl Curaçao nicht zur EU gehört.

Wie ist Curaçao selbstständig geworden:

Im Mai 2009 fand ein zweites und bindendes Referendum statt, bei dem die Bevölkerung (52 %) für ein eigenständiges Land innerhalb des Königreiches der Niederlande stimmte.

Am 10.10.2010 wurde der Landesverband der Niederländischen Antillen aufgelöst. Seither ist Curaçao ein selbstständiges Land innerhalb des Königreiches der Niederlande, neben den Niederlanden, Aruba und Sint Maarten.

Seit dem 7. Juni 2013 (Tag der Vereidigung) heißt der vierte und aktuelle Premierminister / Ministerpräsident von Curaçao ist Ivar Asjes.

Im November 2013 wurde Lucille George-Wout als erste weibliche Gouverneurin der Insel von dem König des niederländischen Königreichs, Willem Alexander vereidigt.

Curaçao ist nach wie vor die größte und 'reichste' Insel der ehemaligen Niederländischen Antillen, auch wenn die Arbeitslosenquote noch immer gesamt bei über 13 % liegt. Leider liegt die Arbeitslosenquote bei den jungen Menschen deutlich höher.

Das Wirtschaftswachstum nahm zwar in den letzten Jahren ab, trotzdem verfügt Curaçao weiterhin über ein sehr hohes Pro-Kopf-Einkommen.

Die Wirtschaft Curaçaos steht hauptsächlich auf drei Säulen: Hafen und Erdöl, Offshore-Finanzplatz und Tourismus. Darüber hinaus finden Bestrebungen statt, Importe zu vermindern und die lokale Verbrauchsgüterproduktion anzukurbeln.

Erdöl und Hafen

Der ursprüngliche Wohlstand Curaçaos basiert auf dem natürlichen Hafen und der guten strategischen Lage am Schottegat-Bay. Der Hafen hat keine

Strömung, Hurrikans oder Engpässe, so dass Schiffe bis zu 202.881 BRZ17 einfahren können. Der Hafen mit seinen Trockendocks zählt zu den größten der westlichen Karibik. Der Hafen ist als wichtiger Umschlagplatz für Waren aus Europa, den USA und Lateinamerika bedeutsam. Die Insel verfügt über sehr gute Voraussetzungen für den internationalen Handel, denn Curaçao hat eine gute strategische Lage am Schnittpunkt zwischen Europa und Nord- und Südamerika.

Die Luft- und Seeweg-Verbindungen sind zu vielen Destinationen ausgesprochen gut.

Die wichtigsten Handelspartner für Curaçao stehen mit dem Erdöl in Verbindung und sind Venezuela und die USA: Venezuela liefert Rohöl an Curaçaos Raffinerien, welches hier zu Benzin, Diesel, Kerosin und verschiedenen Kraftstoffsorten verarbeitet und dann hauptsächlich an die USA geliefert wird.

Offshore Finanzplatz

Curaçaos Offshore Bankwesen ist ein weiterer wichtiger Hauptwirtschaftszweig. Auf Curaçao herrscht ein steuerrechtlich attraktives Klima, denn es gibt sehr günstige steuerliche Rahmenbedingungen für Unternehmen und Privatpersonen gleichermaßen.

Doppelbesteuerungsabkommen sind mit dem Mutterland, den USA, Großbritannien, Dänemark u. a., nicht jedoch mit der Bundesrepublik Deutschland abgeschlossen.

Die Finanzdienstleistungsbranche wird überwacht von der Centralen Bank van Curaçao en Sint Maarten. Die enge Zusammenarbeit mit der niederländischen Zentralbank verdankt Curaçao ihren Ruf als eines der führenden Offshore-Zentren.

Seit 2010 stehen die Niederländischen Antillen bzw. Curaçao in den USA nicht mehr auf der „schwarzen Liste" der Steuerparadiese.

Tourismus

Curaçao gehört ohne Frage mit dem atemberaubend schönen, türkisblauen Meer und einem unbeschreiblichen Tauchparadies bei konstanten Temperaturen um 29 Grad zu den Traum-Urlaubszielen in der Karibik.

Da die Insel auch in puncto Geschichte und Kultur ebenso viel zu bieten hat und eine Mischung aus karibischer Lebensart mit europäischem Flair darstellt, wird Curaçao besonders bei Europäern immer beliebter.

Die Zahl der deutschen Touristen war auf Curaçao mit 5.516 oder 1,3% im Jahre 2008 noch sehr niedrig. Mit AirBerlin bzw. der Möglichkeit eines Direktflugs von einem deutschen Flughafen wuchs die Zahl der deutschen Touristen in den letzten Jahren mit jährlichen Zuwachsraten von bis zu 18%.

Dennoch bleibt die Insel von massentouristischen Elementen verschont und bietet weiterhin den maximal jährlich 8000 deutschen Urlaubern einen sehr individuellen Aufenthalt.

Zahlreiche Kreuzfahrtschiffe aus Amerika und Europa legen zudem in Curaçao an, u.a. die AIDA, Air Tours/Sun Cruises, Deutsche Seetouristik, Carnival, Holland America, Norwegian Cruise Lines, Royal Caribbean Cruises und Royal Cruise Line.

Ungefähr 500.000 Touristen kommen so jedes Jahr auf die Insel Curaçao, wovon ca. 300.000 Kreuzfahrtgäste sind, die in der Regel nur einen Tag auf der Insel bleiben.

Urlauber auf Curaçao sind zu einem guten Drittel Niederländer, gefolgt von ca. 20 % Touristen aus Venezuela und ca. 15 % Amerikanern (USA).

Geld und Währung

Die offizielle Währungsbezeichnung lautet hier nach wie vor „Antillengulden" (ANG) oder auch Niederländische Antillen Florin (NAF). Kurz, umgangssprachlich F = Florin oder Gulden genannt. Es sind Münzen im Wert von 1, 5, 10, 25, 50 Cent und 1⁄2, 1, 2 und 5 Gulden in Umlauf, zudem Banknoten im Wert von 5, 10, 25, 50, 100 Gulden.

Eigentlich sollte schon am 1.1.2012 der „Karibische Gulden" eingeführt werden, der im Zusammenhang mit der Auflösung der Niederländischen Antillen den Antillengulden ablösen sollte. Auch wenn Sie in anderen Reiseführern oder im Internet lesen, dass dies geschehen sei, so seien Sie versichert, dass es Stand heute (Juni 2016) immer noch den guten alten Antillen-Gulden auf der Insel gibt.

Man kann in Deutschland leider keine Gulden bekommen, sondern nur US Dollar. Mit Dollar kann auf der Insel Curaçao überall bezahlt werden. Fester Wechselkurs ist 1,77 (1 Dollar = 1,77 Gulden).

Der Kurs für Bargeld (Dollar) am Bankschalter ist in Deutschland schlechter als auf Curaçao. Deswegen empfehlen wir nur ein paar Dollar für den ersten Tag/Abend mitzubringen oder gleich Euro in Gulden bei einer hiesigen Curaçao Bank zu tauschen.

Umgekehrt empfiehlt es sich, übriggebliebenes Geld noch auf Curaçao umzutauschen.

Währungstabelle Euro zu Antillengulden

Euro (EUR)

€ 1	€ 5	€ 10	€ 50	€ 100	€ 250	€ 500
NAƒ 2,03	NAƒ 10,16	NAƒ 20,33	NAƒ 101,65	NAƒ 203,29	NAƒ 508,23	NAƒ 1016,45

NLAntillenGulden (ANG)

NAƒ 5	NAƒ 10	NAƒ 50	NAƒ 100	NAƒ 250	NAƒ 500	NAƒ 1000
€ 2,46	€ 4,92	€ 24,6	€ 49,19	€ 122,98	€ 245,95	€ 491,91

Währungstabelle Euro zu US-Dollar

Euro (EUR)

€ 1	€ 5	€ 10	€ 50	€ 100	€ 250	€ 500
$ 1,14	$ 5,68	$ 11,36	$ 56,79	$ 113,57	$ 283,93	$ 567,85

US-Dollar (USD)

$ 5	$ 10	$ 50	$ 100	$ 250	$ 500	$ 1000
€ 4,4	€ 8,81	€ 44,03	€ 88,05	€ 220,13	€ 440,26	€ 880,51

Devisenkurse vom 07.06.2016

Auf Curaçao werden MasterCard, Diners Club, American Express, Visa sowie andere gängige Kreditkarten fast überall akzeptiert.

Geldautomaten mit Maestro-Symbol findet man sehr häufig. Dies ist der einfachste Weg, um mit EC-Karte und PIN Gulden direkt vom eigenen Girokonto abzuheben. Die neue V-Card, die deutsche Banken nun herausgeben, funktioniert hier nicht. Auch bei den Sparkassen EC-Karten gibt es häufiger Probleme. Hier besser bei der eigenen Bank nochmals nachfragen, ob Ihre Bank-Karte für die Karibik freigeschaltet ist oder gleich eine andere, alternative Karte mitbringen.

Die Öffnungszeiten der Banken sind montags – freitags von 8:00 - 15:30 Uhr – meist jedoch mit einer Mittagspause ab 12:00 Uhr. Die Bank am Flughafen hat montags - samstags von 8:00 - 20:00 Uhr und sonntags von 9:00-16:00 Uhr geöffnet.

Supermärkte und Preisniveau

Für Selbstversorger gibt es mehrere gute und große Supermärkte mit einer vielfältigen Auswahl. Auch vegetarische Produkte, zuckerfreie Produkte und sogar glutenfreie Nahrungsmittel sind zu haben.
Die Lebenshaltungskosten liegen durch den seit 2 Jahren schlechten Euro - Dollarkurs in etwa auf gleichem Niveau wie in Deutschland. Milchprodukte sind deutlich teurer, dafür ist Fisch und Fleisch besonders günstig.

Die Supermärkte haben durchgehend geöffnet. Manche Supermärkte, z.B. ‚Albert Heijn' oder 'Centrum' haben bis 20:00 Uhr und auch sonntags von 8:00 – 13:00 bzw. 15:00 Uhr geöffnet.

Kleine Preistabelle: **Stand: Juni 2016**

Artikel	Minimum-Preis (ca.) in Gulden	Preis in Euro Umrechnungsfaktor: 2
Kaffee, 250 gr	6,00	3,00
Milch, 1 Liter	3,00	1,50
Butter, 250 gr	3,75	1,87
Gekochter Schinken, 100 Gramm	2,30	1,15
Käse (Gouda), 100 gr	2,00	1,00
Yoghurt, Becher	1,80	0,90
Brot, 500 gr	2,50	1,25
Bananen, 1 kg	3,00	1,50
Wassermelone, 1kg	2,00	1,00
Mangos, 1kg	3,50	1,46
Fleisch (Rinderfilet), 1 kg	44,00	22,00
Fisch (Red Snapper), 1 kg	22,00	11,00
Mineralwasser 33 cl	1,00	0,50
Säfte, 1 Liter	2,35	1,18
Coca Cola, 2 Liter	3,00	1,50

Artikel	Minimum-Preis (ca.) in Gulden	Preis in Euro Umrechnungsfaktor: 2
Wein, 750 ml	12,00	6
Schokolade, 100 gr	3,50	1,75
Eier, 6 Stück	2,65	1,33
Kartoffeln, 1 kg	2,00	1,00
Nudeln, 500 gr	2,85	1,43
Reis, 500 gr	1,50	0,75
Tomaten, 1 kg	5,50	2,75
Salat, 1 Kopf	3,95	1,98
Zigaretten (Marlboro)	10,00	5,00
Benzin (Super)	1,40	0,70
Bier (0,33l)	1,75	0,88

Ohne Gewähr

Centrum Supermarkt
Der „Centrum" hat zwei Filialen, eine davon im Stadtteil Mahaai und eine stadtauswärts in Piscadera. Letztere finden Sie auf dem Weg nach Westpunt an der Abzweigung „Weg Naar Bullenbaai". Für die meisten Touristen ist der Centrum Supermarkt ideal. Reichhaltige Auswahl, gute Qualität zu vernünftigen Preisen. Eine Internetadresse gibt es nicht.

Albert Heijn
Der holländische Supermarkt mit dem Namen „Albert Heijn" (Adresse: Kaya Jacob Posner 28) liegt in Zeelandia, ist sehr gut sortiert und die Ware wird attraktiv präsentiert. AH ist ein eher hochpreisiger Supermarkt.
www.ah.an

Mangusa Hypermarkt

Der größte und modernste Supermarkt der Karibik befindet sich im Cas Coraweg und heißt „Mangusa". Hier gibt es einfach alles und dazu eine frische Salattheke. Im Eingangsbereich befinden sich auch mehrere Fast-Food -Anbieter. www.mangusasupermarket.com

Vreugdenhil

Dieser Markt befindet sich im Südosten der Insel im Schubappelweg - ganz in der Nähe des Caracasbayweg. Er bietet eine große Auswahl an biologischem Gemüse, Obst und Salat. Hier finden Sie neben weiteren Bioprodukten auch Diät-Lebensmittel, vegetarische Angebote als auch sogar glutenfreie Produkte. www.vreugdenhilCuracao.com

Wenn Sie eine Adresse suchen, gilt ganz generell: Geben Sie die Adressen am besten in „www.curamap.com" ein und Sie werden alle Supermärkte, Shoppingmalls etc. leicht finden.

Sicherheit und Kriminalität

Die Insel Curaçao gilt unter den karibischen Inseln als sehr sicher. Es ist nicht mit Gewaltkriminalität zu rechnen. Eigentumsdelikte sind aber nicht auszuschließen.

In Willemstad kann es passieren, dass man Ihnen Rauschgift anbietet. Im Gegensatz zu den Niederlanden sind auf Curaçao der Besitz und der Konsum auch geringster Mengen von "weichen Drogen" verboten.

Zeitzone

Die Zeitdifferenz zu Deutschland beträgt im Winter fünf und im Sommer sechs Stunden. Ist es auf Curaçao z.B. 12:00 Uhr mittags, so ist es in Deutschland bereits 5-6 Stunden später also 17:00 oder 18:00 Uhr.

Anreise und Einreise

Zurzeit fliegt die holländische Fluggesellschaften KLM täglich ab Amsterdam nach Curaçao. Auch ArkeFly verbindet Amsterdam mit Curaçao.

Die Flugzeit beträgt ca.10 Stunden. An einigen Wochentagen wird ein Zwischen-Stopp auf eine der Nachbarinseln eingelegt. Die Flüge dauern dann ca. 1½ Std. länger. Bedingt durch Rückenwind ist der Rückflug ungefähr eine Stunde kürzer als der Hinflug.

Seit 2011 fliegt auch Airberlin im Direktflug einmal wöchentlich – immer dienstags - von Düsseldorf nach Curaçao. In den Wintermonaten wird ein weiterer Flug am Wochenende angeboten.

EU-Staatsbürger benötigen nur einen Reisepass, sowie ein gültiges Rück- bzw. Weiterflugticket. Der Reisepass sollte nach dem Aufenthalt jedoch noch eine sechsmonatige Gültigkeit haben.

Auf Curaçao sind keine Impfungen vorgeschrieben oder erforderlich. Die allgemeinen Impfungen, die in Deutschland sinnvoll sind, reichen hier auch aus.

Alle ausländischen Besucher müssen für die Einreise nach Curaçao über eine vollständig ausgefüllte ED-Card (kurz für Embarkation-Disembarkation Card) verfügen. Bislang wurde die ED-Card auf dem Flug nach Curaçao an die Reisenden ausgegeben.

Seit kurzem gibt es auch die Möglichkeit die ED-Card online bereits vor Ihrer Flugreise nach Curaçao bequem von zu Hause aus auszufüllen. Mit der Einführung der Online ED-Card wird die Wartezeit bei der Einreise nach Curaçao wesentlich verkürzt. Die Online ED-Card wird vom Grenzpersonal mit dem Grenzschutzsystem der Einwanderungsbehörde von Curaçao syn- chronisiert. Das Formular finden Sie z.B. auf der Curacao Webpage www.curacao.com

Verkehrsmittel und Mietwagen

Der Flughafen Hato International Airport (CUR) liegt 12 km von Willemstad entfernt. Bus- und Taxistand sind vorhanden.

Grundsätzlich ist Curaçao mit dem öffentlichen Busliniennetz in der Zeit von 6:00 - 23:00 Uhr zu erobern. Es gibt zwei Arten von Bussen. Die großen gelben oder blauen Busse, die Konvoi genannt werden und die kollektiven, sehr kleinen Busse, auf deren Nummernschild „BUS" steht. Man kann sich auf Curaçao mit dem Bus fortbewegen, doch es ist sehr zeitaufwändig und zuweilen auch recht abenteuerlich.

Taxis sind leicht am Taxischild oder am 'TX' auf den Kennzeichen zu erken- nen. Die Preise gelten von 6:00   23:00 Uhr für 1   4 Personen. Für einen fünften Fahrgast und nach 23:00 Uhr wird ein Zuschlag von 25 % berechnet. Obwohl die Taxis hier meistens mit einem Taxameter ausgestattet sind, soll- te man vor Fahrtantritt mit dem Taxifahrer einen Preis vereinbaren. Stellen Sie sicher, von welcher Währung Sie reden. Häufig wird Touristen das Ange- bot in US Dollar gemacht. Eine Fahrt von Willemstad/Punda nach Banda Abou kostet z. B. 60 US Dollar, das sind ca. 106 Gulden oder ca. 53 Euro. Taxistände gibt es beim Flughafen, bei den Hotels, in Punda und Otrobanda.

Curaçao ist eine Insel für den Mietwagen – egal wo man untergebracht ist. Viele Sehenswürdigkeiten und die schönsten Strände kann man nur mit dem Auto erreichen. Für das Mieten eines Autos ist theoretisch ein internationaler Führerschein erforderlich. Die Informationslage in Bezug auf das Erfordernis eines Internationalen Führerscheins auf Curaçao ist jedoch unübersichtlich. Unsere Erfahrung zeigt, dass Sie zwar theoretisch einen benötigen, praktisch aber eher nicht.

Auf Curaçao ist ein Mindestalter von 21 Jahren vorgeschrieben.

Innerhalb geschlossener Ortschaften sind 45 km/h, außerhalb 60 - 80 km/h erlaubt. Achtung. Man sollte immer darauf gefasst sein, dass Leguane, Ziegen, Schafe oder Hunde unvermittelt die Straße überqueren. Übrigens: Ein Liter Super kostet derzeit 1,55 Gulden (Stand 13.6.2016).

Telefon, Internet und Post

Die Internet TLD lautet: *.an*   Das Internet auf Curaçao ist mit 4.000 bis 16.000 MB für eine kleine Karibikinsel überraschend gut aufgestellt.

Auf der Insel befinden sich mittlerweile viele Internetcafés.

Die Vorwahl von Curaçao sowohl Festnetz als auch Mobilnetz lautet 005999.

Deutsche Mobiltelefone arbeiten auch hier mit dem GSM 900 Netzwerk. Die meisten europäischen Netze funktionieren auf Curaçao – allerdings ist es ein relativ teures Vergnügen mit dem deutschen Mobiltelefon hier zu telefonieren. Wer auf der Insel viel telefonieren muss oder möchte, dem empfiehlt es sich eine „Chippie"-Prepaid Karte zu kaufen. Diese kostet 30 Gulden, wovon 20 Gulden Gesprächsguthaben sind. Erhältlich ist die Prepaid-Karte beim Telefonanbieter UTS.

Ein Fax-Service wird meistens nur von größeren Hotels angeboten.

Postkarten oder Briefe sind selten unter 2 Wochen unterwegs – egal welchen Weg man wählt. Postkarten nach Deutschland bitte mit 1,79 Gulden freimachen.

Auf Curaçao gibt es vier Postämter, die man als Tourist leicht finden kann. In Punda, in Otrobanda, im World-Trade-Center in Piscadera und eines am Flughafen.

Öffnungszeiten der Postämter: montags bis freitags von 7:30 – 12:00 Uhr und von 13:30 – 16:30 Uhr. Das Hauptpostamt in Punda und das Postamt am Flughafen haben auch samstags von 7:30 – 12:00 Uhr geöffnet.

Strom und Wasser

Die Netzspannung auf der Insel beträgt 110 bis 130 V (50 Cycles). Nur einige Hotels und Appartementhäuser haben 220 V. Ein USA-Adapter ist daher sinnvoll.

Das Leitungswasser können Sie bedenkenlos trinken. Es wird seit 1928 durch die Meerwasserentsalzungsanlage gewonnen. Die Anlage auf Curaçao ist eine der weltweit größten ihrer Art. Das Wasser ist sehr weich, enthält kaum Calcium und ist vollkommen chlorfrei.

Wasser und Strom sind auf der Insel sehr teuer. Achten Sie also auf einen sparsamen Umgang mit diesen wertvollen Ressourcen.

Medizinische Versorgung

Wenn Sie zu den Menschen gehören, für die im Notfall eine gute medizinische Versorgung am Urlaubsort wichtig ist, sind Sie auf Curaçao goldrichtig. Hospitäler, Apotheken und Ärzte aller Fachrichtungen sind auf Curaçao vorhanden. Es gibt drei Krankenhäuser. Das St.-Elisabeth-Krankenhaus in Willemstad wird zurzeit erneuert. Es ist das größte und verfügt über moderne Einrichtungen. So z. B. auch über eine Dekompressionskammer.

Auf Curaçao gibt es ein Dialyse-Zentrum, das auch speziell für Touristen ausgerichtet ist.

Darüber hinaus gibt es einige Zahnkliniken und Ärztezentren. So z. B. auf dem Weg nach Westpunt auf der Höhe des großen Supermarkts „Centrum". Auch in Tera-Cora gibt es ein kleines Ärztezentrum mit kompetenten und sogar deutschsprachigen Ärzten (Adresse s.u.)

Bei kleineren Erkrankungen können Sie in den Apotheken (= Botika) Medikamente kaufen. Apotheken finden Sie überall auf der Insel und sie sind in der Regel täglich bis 19:00 Uhr geöffnet.

Wichtige Telefonnummern und Adressen

Vorwahl für Curaçao 005999

Polizei /Feuerwehr:	911
Polizeistation Punda:	461-1000
Polizeistation Ortband:	462-7844
Unfallrettung:	912
Erste Hilfe:	462-4400
Küstenwache:	913
Krankenhaus:	910
St. Elisabeth Krankenhaus	462-4400
Tierrettungsdienst:	465-1616
Road- und Pannenservice:	199 (ist bei einem Unfall anstelle der Polizei anzurufen)
Parkkralle:	461-2956
Pannendienst:	9247 Scharlooweg 19, www.247help.an
Taxi:	Airport-Taxi: 6611252 Taxizentrale: 561-3030 oder 888-9393 Weitere Taxi Rufnummern: 465-4117 oder 869-0747 oder 869-0752
Autovermietung:	Big Apple Car Rental / Sonny Job sjcarrental@gmail.com 005999/ 520-1864
Curaçao Flughafen Hato:	005999/839-1000 www.Curacao-airport.com
Honorarkonsul:	Karel Frielink Scharlooweg 33 Telefon: 005999/ 461-8700 E-mail: willemstad@hk-diplo.de

Im Krankheitsfall:

St. Elisabeth Krankenhaus:	Breedestraat 193
	005999/462-4900 oder 462-5100
Zahnarzt/Zahnklinik:	Centro Dental Mahaai
	Sta.Rosaweg 28
	005999/737-0285
Hals-Nasen-Ohrenarzt:	Head & Neck Center
	Kernkampweg
	005999/737-7264 oder 737-5455
Praktischer Arzt/Sportarzt:	Best E.A.W.
	Amalia van Solmslaan 4
	005999/736-8496
Ärztezentrum im Nordwesten	Dr. R. Spong
	Siberie 10-11
	Terra Cora
	005999 / 864- 8700 oder mobil 5102337

TEIL B: Sehenswürdigkeiten und Sehenswertes

Hauptstadt Willemstad

Willemstad erstreckt sich über viele Quadratkilometer. Eine große zweispurige Ringstraße verbindet alle Stadtteile. Für den Touristen sind aber hauptsächlich die Stadtteile Punda, Otrobanda, Scharloo und Pietermaai interessant.

Punda und Otrobanda

Prächtige, farbenfrohe, holländische Kolonialarchitektur und die vielen niederländisch sprechenden Menschen prägen das Gesicht der Haupt- und Hafenstadt. In Punda und in Otrobanda glaubt man im ersten Moment man sei in „Klein Amsterdam" gelandet.

Das sollten Sie sich anschauen:

Fort Amsterdam: Das Fort ist das älteste Gebäude der Insel und wurde 1641 fertiggestellt. Hier residiert jetzt ein Großteil der Inselverwaltung. In diesem Gebäudekomplex befindet sich ebenfalls die 'Fortkerk', die älteste Kirche (protestantisch), die 1992 komplett restauriert wurde und seitdem wieder für Besucher offen steht.

Willhelmina Plein: eine kleine Grünfläche. Hier steht das Stadhuis (1859), in dem das Parlament der Niederländischen Antillen zusammentraf und heute die Regierung von Curaçao tagt.

Breedestraat: eine Hauptstraße, die von vielen Häusern aus dem 17. und 18. Jahrhundert gesäumt wird. In diesen Häusern befinden sich heute viele teure und elegante Geschäfte. (Die Breedestraat gibt es übrigens sowohl auf Punda- als auch auf Otrobandaseite.)

Synagoge: älteste jüdische Synagoge der westlichen Hemisphäre (1730). Gegenüber der Synagoge befindet sich das 1970 eröffnete Museum der jüdischen Gemeinde.

Läuft man weiter die Columbusstraat entlang, kommt man zum Ufer des Waaigat mit der kleinen Willhelmina Zugbrücke, die die Stadtteile Punda und Scharloo verbindet.

Neue und alte Markthalle: Die neue Markthalle ist ein rundes, aber nicht unbedingt schönes Gebäude. Frauen aus den Dörfern bieten hier allerlei Nahrungsmittel und Gebrauchsgegenstände des Alltags an. Spaziert man dort vorbei, erreichen Sie die alten Markthallen, das 'Marshé Bieu'. Die alte Markthalle ist heute eine urige Garküche. Hier kann man nicht nur gut und günstig essen, sondern auch die kreolische Küche mit dem afrikanischen Ursprung wirklich kosten.

Schwimmender Markt: Der schwimmende Markt befindet sich entlang des Waaigatufers. Hier liegen Boote aus Venezuela, die frisches Obst und Gemüse, allerlei Gewürze und auch Ziegenkäse anbieten. Die Händler segeln angeblich täglich mit dem Boot von Venezuela nach Willemstad.

Handelskade: Am Ufer der Sint Annabaai schließt sich eine schöne Promenade – die Handelskade – mit Straßencafés an, in denen Sie essen, trinken und wunderbar die Schiffe beobachten können. Die historische Hafenfront in Punda - auch „Handelskade" genannt- ist von der UNESCO 1997 zum Weltkulturerbe erklärt worden. Der Grund für die Aufnahme in die Liste der UNESCO ist die Intaktheit, die einen exzellenten Überblick über die Entwicklung einer multikulturellen Gemeinschaft über 300 Jahrhunderte vermittelt. Neben der Handelskade stehen weite Teile der Altstadt und viele, schön restaurierte Häuser in Scharloo und Pietermaai unter Denkmalschutz.

Herenstraat: Parallel zur Uferpromenade, hinter den Gebäuden, verläuft die Herenstraat, die mit ihrem alten Baubestand und den Läden zu den beliebtesten Flaniermeile Willemstads zählt.

Penha Gebäude: An der Ecke Herenstraat/Breedestraat steht das bekannteste Gebäude der Insel: das Penha-Haus. Es wurde 1708 gebaut und ist beispielgebend für die niederländische Kolonialarchitektur des 18. Jahrhunderts. Heute befinden sich auf zwei Stockwerken des Penha-Hauses Parfümerien, Kosmetik- und Bekleidungsgeschäfte.

Königin Emma Brücke: Die 'Königin Emma Ponton Brücke', kurz Emmabrücke, ist eine weltweit einzigartige, fahrbare Pontonbrücke aus Holz, die die beiden Stadtteile Punda und Otrobanda schon seit 1888 miteinander verbindet. Die Emmabrücke öffnet und schließt sich mit Hilfe von zwei kräftigen Schiffsmotoren, um Schiffe, ja selbst die großen Kreuzfahrtschiffe, in den Hafen ein- und ausfahren zu lassen. Die 'Swinging Old Lady', wie die Emmabrücke von den Einheimischen auch liebevoll genannt wird, ist das Wahrzeichen Willemstads. Wenn die Brücke für den Schiffsverkehr geöffnet wird und so für Fußgänger nicht genutzt werden kann, pendeln kostenlose kleine Fähren.

Rif Fort: Diese Befestigungsanlage liegt in Otrobanda und wurde 1828 fertiggestellt und bietet heute kleine Läden und Restaurants. Von hier aus haben Sie einen schönen Blick auf Punda und auf das Fort Amsterdam.

'Kura Hulanda'-Hotelviertel: Am Eingang von Kura Hulanda befindet sich das Curaçao-Museum. Dieses Hotel-Viertel finden Sie, wenn Sie von der Breedestraat gleich rechts den kleinen Berg hoch laufen. Das Kura Hulanda liegt auf der linken Seite, befindet sich in Privatbesitz und wurde wunderschön restauriert. Nehmen Sie sich ein wenig Zeit für dieses Viertel, schlendern Sie durch die Gassen, schauen Sie sich die Skulpturen an und trinken Sie einen Cappuccino im Café unter den schattigen Bäumen.

Niederländische Kolonialarchitektur

Hafeneinfahrt Punda / Otrobanda

Schwimmender Markt in Punda

Falls Sie eine geführte Tour durch Otrobanda oder Punda, Pietermaai oder Scharloo unternehmen wollen, hier die Kontaktdaten

Otrobanda-Tour mit dem Architekt Anko von der Woude

Zeitpunkt:	jeden Donnerstag ab 17.15 Uhr
Dauer:	ca. 2 Stunden
Sprache:	niederländisch, englisch nach Absprache
Treffpunkt:	Brion Plein
Kosten:	15,- Gulden pro Person
Telefon:	005999/461-3554

Punda- Tour mit Dutch Dream

Zeitpunkt:	jeden Dienstag und Donnerstag ab 9.30 Uhr
Dauer:	ca. 2,5 Stunden
Sprache:	englisch auf Anfrage
Kosten:	15,- Dollar pro Person , 1 Getränk frei
Reservierung:	erforderlich
Telefon:	005999/4619393

Mueseum Tour / Hafen Tour / Scharloo Tour

Das Maritime Museum Curacao ist wirklich sehenswert – auch deshalb da hier eine voll funktionsfähige Miniatur der Ölraffinerie Curacaos zu sehen ist. Zu Beginn des 20 Jahrhunderts begann man hier venezolanisches Öl aus dem See von Maracaibo zu verfeinern. Es brachte Wohlstand für die Menschen vor Ort und das war sehr wichtig für die weitere Entwicklung der Hafenaktivitäten in der Schottegat.

Auch deshalb bietet Ihnen das Maritime Museum eine geführte Tour durch den Hafen und/ oder durch die historischen Viertel Scharloo und Fleur de Marie an.

Hafen Tour und / oder ScharlooTour

Zeitpunkt:	jeden Mittwoch und Samstag ab 14 Uhr
Dauer:	2 Stunden
Sprache:	niederländisch und oder englisch
Treffpunkt:	Maritimes Museum
Kosten:	16,50 Gulden pro Person
Telefon:	005999/465 2327

Feiertage, Straßenfeste und Veranstaltungen

Feiertage	2017
Neujahr	01.01.17
Karnevalsonntag	26.02.17
Karfreitag	14.04.17
Ostern	16.04. – 170.4.2017
Königstag	27.04.17
Tag der Arbeit	01.05.17
Christi Himmelfahrt	25.05.17
Curaçao Flaggentag	02.07.17
Curaçao /Antilllen Tag	19.10.17
Weihnachten	25. – 26-12.17
Sylvester	31.12.2017

Straßenfeste

Karneval   26 -28 Februar 2017

Karneval hat auf Curaçao eine große Bedeutung und ein paar Tage im Jahr herrscht auf Curaçao Ausnahmezustand. Die Kostüme sind bunt, die Paraden prächtig und die Menschen auf den Straßen fröhlich und ausgelassen. Der Höhepunkt des Karnevals ist der "Grand Marcha" - die große Parade, die immer sonntags stattfindet.

Die Abschiedsparade findet am Karnevalsdienstag in den Abendstunden statt und sie endet mit der Verbrennung einer übergroßen Strohpuppe, die König Momo darstellen soll und die Unfruchtbarkeit, Sünde und Unglück verkörpert.

Mehr Informationen: www.curacaocarnival.info

Erntedankfest

Am Ostermontag findet die traditionelle Ernte-Parade mit einheimischen Folkloregruppen in Otrobanda statt. Interessant ist, dass man hier im Vorfeld für die zukünftige Ernte dankt. Diese Parade ist ebenso bemerkenswert wie die Karnevals-Parade.

Drachenfest

Am Ostersonntag wird darüber hinaus das Drachenfest gefeiert. Am Waaigat in Punda werden dann viele farbenprächtige Drachen in die Luft gelassen.

Koningsdag = Königstag

Der Koningsdag zu Deutsch Königstag ist auf Curaçao Nationalfeiertag. An diesem Tag feiert man den Geburtstag des Königs Willem-Alexander An diesem Tag kleiden sich viele Inselbewohner in der Farbe des Königshauses (orange) und feiern den Tag mit einem Volksfest. Charakteristisch ist der Flohmarkt in Punda und Otrobanda.

Dio di Bandera = Flaggentag

Tag der Flagge (Dio di Bandera) ist ein offizieller Feiertag und die meisten Geschäfte haben geschlossen. Jeder, der eine Fahne von Curaçao hat, hängt sie auf oder steckt sie ans Auto. Der „Dio di Bandera" wird mit kulturellen Veranstaltungen am Brion Platz in Otrobanda und im Nordwesten der Insel im Dorf Barber gefeiert.

Veranstaltungen und Events

Auf Curaçao gibt es eine Vielzahl weiterer Sport-Veranstaltungen und Musik-Events, die meist unter freiem Himmel gefeiert werden. Hier ein kleiner Auszug von interessanten und hochkarätigen Veranstaltungen, die in 2016 stattfinden. Eine Vielzahl davon findet traditionell jährlich in etwa im gleichen Zeitraum statt. Die Termine für 2017 standen bei Drucklegung dieses Reiseführers noch nicht fest.

Curaçao Salsa Tour

Im August findet traditionell die 'Curaçao Salsa Tour' statt. Eine ganze Woche steht unter diesem Motto. Wettbewerbe, Workshops sowie Konzerte und Tanzauftritte von begnadeten Salsa-Tänzern aus der ganzen Welt ziehen Besucher jedes Jahr in ihren Bann.
Für mehr Informationen: http://www.facebook.com/events/333208083474818

'Curaçao North Sea Jazz Festival'

Das 'Curaçao North Sea Jazz Festival' findet jährlich im World Trade Center (WTC) in der Piscadera Bay auf Curaçao statt. Traditionell findet dies immer Anfang September statt Während dieses Festivals geben sich internationale Stars des Jazz, Funk, Soul, Latin und R&B die Ehre. Vom 01.09.2016 bis

03.09.2016 findet dieses Jahr das Musikfestival statt. Für mehr Informationen: www.curacaonorthseajazz.com

Heineken Segel-Regatta

Die Heineken Segel-Regatta wurde im Juni 2016 bereits zum 8ten Mal auf Curaçao durchgeführt. Nationale und internationale Segler aus den Niederlanden, USA, Aruba, Bonaire, Curaçao, Großbritannien, St. Maarten und sogar Australien liefern eine Mischung aus internationalen Segeln.

Fast alle Veranstaltungen und Rennen beginnen und /oder enden in und rund um den einzigartigen Hafen und die Bucht von der historischen Stadt Willemstad, die 'Annabaai'.

Für mehr Informationen: www.heinekenregattaCuracao.com

ENNIA Curaçao International Triathlon

Man soll es nicht glauben. Bei über 30 Grad Hitze fand am 29.Mai 2016 der Ennia Curacao International Triathlon am Santa Barbara Beach statt. Die olympischen Distanzen waren eine Herausforderung für alle: Schwimmen 1.5 km | Radfahren 40 km | Laufen 10 km

Woodstock-Festival am Strand von Kokomo

An alle Hippies und Rocker da draußen .... immer Anfang Dezember ist es Zeit für 1 Tag der Liebe, des Friedens und der Musik auf Curacao. Die musikalische Zeit-Reise geht natürlich in die 60er und 70er Jahre.

Internationales Blues Festival

Anfang Mai 2016 fand zum zweiten Mal das internationale Blues-Festival mit großem Erfolg statt. Der ganze District Pietermaai war voller Musik auf 6 Bühnen. Der Eintritt war frei und die Stimmung großartig. Bleibt zu hoffen, dass diese Veranstaltung im Mai 2017 wiederholt wird. Mehr Informationen: http://www.curacaoblueseasfestival.com/

Plein Air Curacao – International Art Festival

In der Zeit zwischen dem 9. März und dem 18. März 2017 findet zum 4.ten Mal das International Art Festival statt. Es wird an Land (Punda) und Unterwasser gemalt. Es wird wieder Workshops für Erwachsene, Jugendliche und Kinder geben. Alles wie gewohnt lässig und heiter. Das ist karibisches Lebensgefühl pur.

Um genau und schnell herauszufinden was so los ist auf Curacao während ihres Aufenthalts ist es am besten hier nachzuschauen: www.**k-pasa**.com Das ist *der* wöchentliche Online -Veranstaltungskalender Curacaos.

Übrigens: Es gibt das *K-pasa* auch als Printversion. Es liegt in vielen Supermärkten kostenlos aus.

Restaurants und Strandbars

Es gibt eine Vielzahl an Restaurants auf Curaçao: für jede Geschmacksrichtung, für den kleinen Hunger zwischendurch, für das edle Dinner am Abend und auch für jeden Geldbeutel. Vielfach ist die Speisekarte der Restaurants niederländisch geprägt. Will man typisch einheimisch essen (kreolisch), dann achte man auf den Hinweis 'Kuminda Krioyo,' den man oft am Straßenrand sieht.

Übrigens: Curaçao 'zeichnet' sich auch durch eine Vielzahl an Fast-Food - Ketten aus: Es gibt hier Burger King, Dominos Pizza, Denny's, KFC, MC Donalds, Pizza Hut und Subway.

Die alte Markthalle "Marshé Bieu' in Punda ist besonders zu erwähnen. Hier in der alten Garküche befinden sich gleich mehrere "Restaurants", die frischen gegrillten Fisch (z.b. Red Snapper) und andere leckere Inselspezialitäten anbieten, wie z.b.:

- Guiambo (schleimige Suppe aus Okraschoten)

- Kaduschi (Kaktussuppe)

- Suppa de Iguana (Leguansuppe)

- Parilla de Marisco (appetitliche Platte mit gegrillten Meeresfrüchten)

- Stobá mit Moro (Schmorfleisch mit Reis und Bohnen)

- Kabritu Stoba (geschmortes Ziegenfleisch)

Die Empfehlungen der folgenden Restaurants spiegelt unsere persönliche Erfahrung wieder. Die Angaben zu Öffnungszeiten, Veranstaltungen entsprechen dem Stand Juni 2016. Sie sind ohne Gewähr.

1. Bistro Le Clochard

Rif Fort - Willemstad – Otrobanda   - 005999/462-5666

Gourmetrestaurant mit Schweizer und deutschen Küchenchefs. Erste Lage im historischen Rif Fort, großartige Aussicht, hohes Preisniveau.

2. E Laternu

Fontein 20 - Banda Abou - Fountain   - 005999/869-7666

Sehr gute Spearribs, klasse Steaks und tolle Salate. Lockere Atmosphäre mit sehr nettem Service. Dienstags Ruhetag.

3. Fishalicious

Loosstraat 1 - Willlemstad - Nähe Avila Hotel   - 005999/461-8844

Das beste Fischrestaurant auf Curaçao. Köstliche Meeresfrüchte in einer gemütlichen Umgebung für kulinarische Genießer.

4. Gouverneur de Rouville

De Rouvilleweg 9f - Willemstad Otrobanda   - 005999/462-5999

Sehr schönes Ambiente, erste Lage, hohes Preisniveau.

5. Grill King

Waterfortboogjes 2-3 - Willemstad Punda   - 005999/461-6870

Steakhouse und Seafood, wunderbar schattig gelegen, direkt am Wasser. Herrlich um der Mittagshitze in Punda zu entkommen.

6. Landhaus Brakkeput Mei Mei

Jan Sofat - Spanisches Wasser   - 005999/767-1500

Das Herrenhaus aus dem 19. Jahrhundert ist eine herrliche Location für das Restaurant und für die Veranstaltungen, die hier geboten werden. Das Restaurant bietet leckere gegrillte Fisch- und Fleischgerichte und an jedem Wochentag gibt es etwas Besonderes.

7. L'Aldea

Sta. Catharina 66 - Willemstad   - 005999/767-6777

Brasilianisches Restaurant – all you can eat. Für alle, die viel essen können und Wert auf Frische und Qualität legen.

8. Landhaus Doktorstuin

Banda Abou - Weg naar Westpunt   - 005999/864-2701

Lokale Küche. Hier gibt es auch Leguansuppe. Doktorstuin ist wie ein kleiner schattiger Biergarten. Leider immer nur bis nachmittags 15:00 Uhr geöffnet.

9. Mundo Bizzaro

Nieuwstraat 12 - Willemstad - Pietermaai - 005999/461-6767

Dieses Lokal ist das schönste auf der Insel und Sie sollten es unbedingt besuchen. Die Einrichtung ist einzigartig und die Atmosphäre unglaublich schön, das Essen hervorragend und die Livemusik am Mittwochabend mit Conny und Matthijs machen einen Abend im Mundo Bizzaro unvergesslich.

10. Rozendeals - Penstraat 47 –Willemstad - 005999/461-8806

Chefkoch Danny hat in Europa und in der Karibik gekocht. Heute verbindet er sein Können und seine Erfahrung und bietet eine interessante Küche mit internationalen und karibischen Elementen - eine sehr angenehme Überraschung. Sonntags bis freitags von 17:00 - 22:00 Uhr.

11. Scampis

Waterford Boog 7 - Willemstad Punda - 005999/465-0769

Scampi's ist inselweit für täglich frischen Fisch und einer großen Auswahl an Meeresfrüchten bekannt. Das Scampis liegt in der historischen Waterfort in Punda direkt am Meer. Die Lage ist sensationell. Darüber hinaus gibt es fast täglich Live Musik.

12. Steak and Ribs

RifFort Village 313 – 314 - Willemstad- Otrobanda - 005999/462-9454

1A-Lage, Sonnenuntergang pur, Schiffe beim Rein- uns Rausfahren beobachten, sehr gute Küche. Übrigens: Hier gibt es nicht nur Steaks und Ribs, sondern auch leckeren Fisch. Reservierung erforderlich.

13. Sol food

Playa Kalki G1A – Westpunt - 005999/864-0005

Hier gibt es wunderbare gegrillte Shrimps aber auch leckere Pizza. Dieses Lokal ist leider nur Fr - So geöffnet. Reservierung erforderlich.

14. Trio Penotti

Banda Abou - Savonet 79 - 005999/ 864 1795 oder 675-0151

Von einem Schweizer geführtes Restaurant. Richtig günstig und richtig gut. Besonders der Service ist hervorzuheben. Das Trio Penotti liegt direkt an der Hauptstraße nach Westpunt und genau gegenüber dem Eingang vom Christoffelpark.

15. Zambezi

Santa Catharina -Vogel Strauß Farm - 005999/747-2777

Zambezi ist ein afrikanisches Lokal mit internationaler Küche und frischem Straußenfleisch.

Strandbars / Strand-Restaurants

1. Hemingway

Bapor Kibra o/N,

Willemstad

005999/465-0740

Das Hemingway ist eine Strandbar & Restaurant mit einem wunderschönen Blick auf das karibische Meer. Sonntags ab 18:30 Uhr gibt es Live-Musik.

2. Karakter

Im Resort von Coral Estate

Banda Abou - Willibrordus

005999/864-2233

Das Karakter ist seit 2013 eröffnet und befindet sich neben dem ehemaligen Hotel Habitat. Das Karakter liegt wunderschön direkt am Strand von Coral Estate. Es bietet eine gehobene Küche mit Ambiente. Samstags manchmal Live Musik.

3. Pirate Bay

Piscadera Bay

005999/461-0183

Piscadera - Nähe Marriott und Hilton

Das Lokal/Restaurant mit dem Namen Pirate Bay ist direkt am Strand gelegen. Romantik pur: Füße im Sand, Kerzenschein und gutes Essen. Reservieren Sie sich „a table on the beach".

Außerdem: Täglich Happy Hour von 17:00-18:00 Uhr, freitags X-Large Happy Hour 17:00-19:00 Uhr. Donnerstags gibt es Live Musik am Strand ab 20:00 Uhr. Besonders zu empfehlen ist der Sonntag: Live Reggae ab 19:00 Uhr.

Bitte rufen Sie bei den Restaurants an und erkundigen Sie sich nach den Öffnungszeiten und Ruhetagen. Eine Reservierung ist in manchen Restaurants ebenfalls notwendig.

Achten Sie darauf, ob die Preise in der Speisekarte inklusive 9 % Mehrwertsteuer – genannt „OB" - sind.

Manchmal kommen ca. 10 % Servicegebühr dazu. Wenn keine Servicegebühr auf der Rechnung steht, freuen sich die Bedienungen über ca. 10 % Trinkgeld.

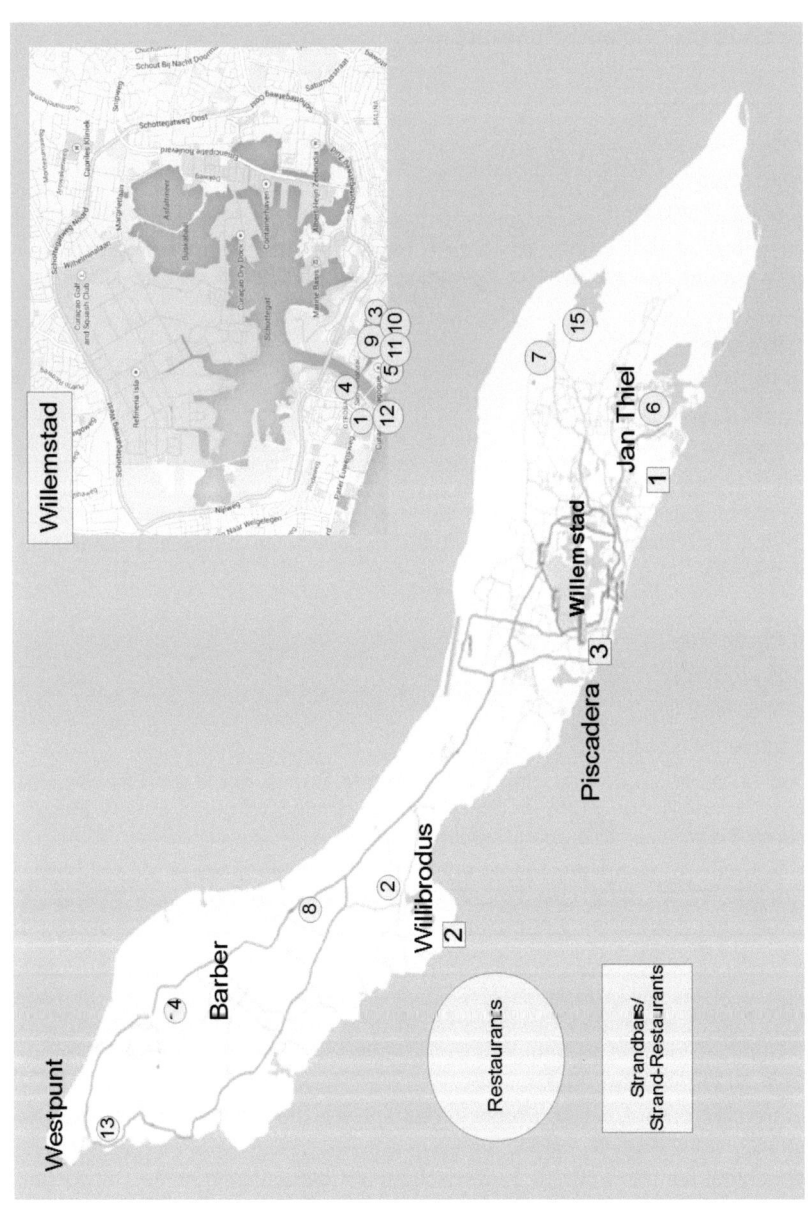

Die besten Restaurants und Strandbars

Clubs und Diskotheken

Auf Curaçao gibt es aufregende Clubs und die beste Vollmondparty
Die meisten Clubs, Bars und Diskotheken befinden sich in Willemstad.
Geben Sie die Adresse in www.curamap.com ein. Das ist der einfachste
Weg sicher ans Ziel zu gelangen.

1. Bermuda Curaçao
Scharlooweg 72-76
Willemstad
005999/461-4685

2. Blues im Avila
Avila Beach Hotel
Penstraat 13
Willemstad
005999/461-4377

3. Cabana Beach
Seaquarium Beach
Bapor Kibra n/n
005999/ 465-1589

4. Grand Café de Heeren
Zuikertuintjeweg 1
Einkaufsmall am Ring
005999/ 736-0491

5. Kontiki Beach
Bapor Kibra z/n
Willemstad
005999/465-1589

6. The Sopranos - Piano Bar
Rif Fort
Willemstad Otrobanda
005999/465-4007

7. Wet and Wild
Bapor Kibra z/n
Seeaquarium Beach
005999/561-2477

8. Rock Beach
Rock Beach Curaçao
Pietermaai 44-50
005999/686-0523

Vollmondparty Kokomo Beach
Weg nach Bullenbaai
Versenbaai
005999/868-0908
Kokomo ist ein Strand, der sich in Vaersenbaai befindet.

Kokomo wurde erst im Juni 2011 wieder neu eröffnet und wurde bald berühmt für ihre großen Beach-Partys, wie Woodstock, Summerlove, Doomsday und Amnesia Beach Festival.

Einmal im Monat (freitags) gibt es hier immer die größte Vollmondparty der Karibik. Eine herrliche Location. Doch Achtung: Hier gibt es keine karibische Musik, sondern House und Techno bis zum abwinken. Eine sehr junge Veranstaltung, die erst spät startet aber es dann in sich hat.

Mehr Infos zu den Beachpartys unter:
www.kokomo-beach.com

Nachtleben auf Curaçao

Handelskade bei Nacht

Shopping auf Curaçao

Willemstad ist eines der attraktivsten Einkaufsparadiese der Karibik. Die Breedestraat in Punda und Otrobanda sind derzeit die wichtigsten Einkaufsstraßen der Altstadt. Das Einkaufen hier ist nicht zollfrei, aber es ist "Duty-relaxed". Das bedeutet: da die Umsatzsteuer auf Curaçao nur 6 – 9 % beträgt, sind auch die Angebote für den Endverbraucher recht interessant. Neben Punda und Otrobanda, wo auch viele landestypische Souvenirs für Touristen angeboten werden, gibt es auf Curaçao weitere Shopping-Malls verschiedener Größe und für verschiedene Käufergruppen.

Sambil Curaçao
Das mit Abstand größte Einkaufszentrum seiner Art mit dem Namen „Sambil" ist seit Mai 2015 fertiggestellt und ist geographisch hervorragend zwischen dem Flughafen Hato und Willemstad positioniert. Das eingeschossige Einkaufszentrum zeichnet sich durch eine innovative Architektur und eine Vielzahl von Angeboten aus. Der Plan über 156 Geschäfte, 8 moderne Kinos und ca. 4 Restaurants ist noch nicht ganz erreicht, wird aber weiter verfolgt. Interessant auch der „Super Food Court-Bereich", der alleine 26 verschiedene Angebote bietet.
Mehr Infos unter: www.tusambil.com

Renaissance Mall & Rif Fort
In und um Curaçao historischen Rif Fort – also direkt in Otrobanda neben der Emmabrücke, befindet sich eines der nobelsten Einkaufs-, Ess-und Entertainment-Center in der Karibik: Renaissance Mall & Rif Fort: www.shoprenaissanceCuraçao.com

Promenade Shopping Centrum
Ein kleines aber durchaus attraktives Einkaufszentrum umgeben von tropischen Pflanzen und Bäumen.
www.promenade-Curaçao.net

Zuikertuin Mall und Bloempot Shopping Center
Diese beiden Einkaufszentren liegen so dicht beieinander, dass der Übergang fließend ist und der Besucher oft gar nicht weiß, wo er sich eigentlich gerade befindet.
Die Zuikertuin Mall bietet eine Vielzahl von Geschäften und Restaurants unter einem Dach an. Es verfügt über 25 Marken-Shops, fünf Restaurants und einer authentischen italienischen Eisdiele.
Der Stil und das Ambiente des Bloempot Shopping Centers sind ganz anders. Kein klimatisiertes Gebäude in dem man alles unter einem Dach findet, sondern eher eine kleine bezaubernde Flaniermeile.
www.zuikertuinmall.com und www.shopbloempot.com

Warenhaus „La Curaçao"

Auf Curaçao gibt es ein Warenhaus mit dem Namen „La Curaçao". Filialen befinden sich u.a. in Punda, in Otrobanda, im Stadtteil Santa Maria und in Zeelandia. Die zuletzt genannte Filiale ist die modernste und befindet sich in unmittelbarer Nähe zum Supermarkt Albert Heijn.

Ausflugsziele

Curaçao Likör Fabrik (Blue Curaçao)

Der Begriff „Curaçao" ist keine geschützte Herkunftsbezeichnung, so dass Liköre mit diesem Namen auf der ganzen Welt hergestellt und vertrieben werden können. Das Original kommt aber natürlich von der Insel Curaçao und hat seine eigene kleine Geschichte:
Die Brennerei und das herrschaftliche Wohn- bzw. Landhaus „Chobolobo" befindet sich in der Nähe von Schottegat, nordöstlich von Punda. Das Landhaus liegt in der Mitte eines 10 Hektar großen Grundstückes. Es gibt hier leider keine Führung, aber man kann die Herstellung des Likörs auf einem Info-Video beobachten. Außerdem können Sie hier die verschiedenen Liköre kosten und natürlich auch kaufen.

Übrigens: Neben dem Klassiker „Blue Curaçao", den es auch in Rot, Orange und grün gibt, gibt es auch leckere andere Geschmacksrichtungen, z. B. mit Kaffee oder Schokolade.

Öffnungszeiten:	Werktags: 8:00 – 12:00 Uhr und 13:00 – 17:00 Uhr. An Wochenenden und Feiertagen ist das Chobolobo nur geöffnet, wenn ein Kreuzfahrtschiff im Hafen liegt.
Adresse:	Landhuis Chobolobo, Willemstad Salina
Telefon:	005999/461-3526
Eintritt:	frei

Curaçao See Aquarium und Delfin Akademie

Bereits 1984 eröffnete das 'Curaçao Sea Aquarium' seine Pforten und auch heute ist das See Aquarium noch eine Hauptattraktion von Curaçao – vor allem wohl wegen der Delfine.

Das See Aquarium ist direkt am karibischen Meer errichtet, so dass die Aquarien stetig mit frischem Meerwasser gefüllt werden können. Im See Aquarium auf Curaçao leben nicht nur Delfine, sondern auch Haie, Seelöwen, Rochen, Wasserschildkröten und viele andere Bewohner des karibischen Meeres und der karibischen Küsten. In den vielen großen und kleinen Aquarien können Sie mehr als 400 Meerestiere aus den Gewässern um Curaçao bewundern.

In der Halle der Aquarien finden einige Fütterungen statt. Ein erfahrener Betreuer lädt die Besucher ein, beim Füttern der Haie, Stachelrochen, Flamingos etc. 'mit zu helfen'. Es gibt Shows mit Seelöwen und Delfinen, ein Unterwasserobservatorium und ein 3-D-Kino.

In der „Delfin Akademie" bekommen die Gäste Curaçaos zusätzlich die Gelegenheit Delfine intensiver und aus nächster Nähe kennenzulernen.

Die Delfin Akademie hat folgende drei Angebote:

Begegnung mit den Delfinen: 15-20 Minuten für 99,- Dollar

Schwimmen mit den Delfinen: 30 Minuten für 174,- Dollar

Schnorcheln/Tauchen mit den Delfinen: 30 Minuten für 184,- Dollar

Öffnungszeiten:	Täglich von 8:00 – 17:00 Uhr.
Adresse:	Dolphin Acadamy im Curaçao Sea Aquarium, Bapor Kibra
Telefon:	005999/465-8900
Homepage:	www.dolphin-academy.com
Eintritt:	Sea Aquariums: Erwachsene 21,- Dollar, Kinder von 5-12 Jahre 11,- Dollar. Kinder unter 4 Jahre frei, Senioren (60+) 11,- Dollar.

Aloe Vera Plantage

Die weltbekannte Heilpflanze wurde schon immer als natürliches Hausmittel benutzt um Krankheiten zu heilen. Auf der Aloe Vera Plantage auf Curaçao wachsen mehr als 100.000 Pflanzen. Diese Plantage produziert Aloe Vera Gels für die „CurAloe" Produktlinie. In einem Video erhalten Sie einen Überblick über die Geschichte der Aloe Vera Pflanze, über die Plantage und über die Herstellung der Produkte. Es werden die Ernte und die Anwendung der Pflanze demonstriert.

Die Aloe Vera Plantage hat natürlich einen Shop, in dem man die Produkte kaufen kann. Hier können Sie auch weitere Informationen erhalten.

Öffnungszeiten:	Montags bis samstags von 9:00 – 16:30 Uhr
Adresse:	Weg Naar Groot Sint Joris
Willemstad:	Santa Catharina
Telefon:	005999/767-5577
Eintritt:	frei

Vogel-Strauß Farm

Die „Ostrichfarm" ist afrikanischen Ursprungs und wurde 1995 mit viel Liebe zum Detail angelegt. Man nennt die Straußenfarm auch „Klein Afrika" und in der Tat fühlt man sich ein bisschen in eine andere – zauberhafte – Welt versetzt, sobald man das Gelände betritt.

Die Straußenfarm auf Curaçao ist eine der größten Farmen dieser Art außerhalb Afrikas. Auf der Farm leben mehr als 150 beeindruckende Straußenvögel aber auch jede Menge anderer Tiere wie z. B. Emus, Krokodile, Hängebauchschweine, Schafe und Ponys. Bemerkenswert ist auch, dass diese Farm absolut ökologisch arbeitet. Alles wird verwertet und in einen gut abgestimmten Öko-Kreislauf gebracht.

Besucher der Farm können eine Safaritour durch die Straußenfarm unternehmen. Begleitet von einem erfahrenen Guide erfahren Sie alles über diese prächtigen Vögel. Während der Guide vom Leben der großen Vögel erzählt, hat der Gast die Möglichkeit die Strauße selbst zu füttern und den Tieren ganz nahe zu kommen. Die letzte Tour startet um 16 Uhr. Empfehlenswert ist jedoch eine frühere Tour zu wählen.

Am Gelände angeschlossen ist das Zambezi Restaurant, in dem Sie Straußenfleisch probieren können und ein geschmackvolles Souvenir-Geschäft.

Öffnungszeiten:	Täglich von 9:00 bis 17:00 Uhr. Geführte Touren starten stündlich ab 9:00 Uhr. Dauer: 30 – 45 Minuten.
Adresse:	Santa Catharina, Willemstad
Telefon:	00599/747-2777
Eintritt:	Safari-Tour, Erwachsene: 16,- Dollar, Kinder von 2-12 Jahre 13,- Dollar

The Rainforest Mystery

L'Aldea - The Rainforest Mystery ist die neueste Attraktion auf der Insel. Hier sehen Sie nicht nur viele Maya-, Azteken- und Inka-Skulpturen, Schnitzereien und Wandmalereien, sondern Sie werden in einer sehr interessanten 45 – 60 minütigen Tour auf 45.000 Quadratmeter in einen Regenwald mit Tempelruinen, Teiche und Pyramiden geführt. 130 verschiedene Tiere, darunter Papageien, Spinnen, Schlangen, Affen, Echsen und Leguane bringen die Vergangenheit zum Leben.

Öffnungszeiten bzw. Touren: 9:30, 10:30, 13:30, 15 :00, 16:30 Uhr

Adresse:	Road to Santa Catharina
Telefon:	005999/747-7422
Eintritt:	20,- US Dollar, Kinder von 4-11 Jahre 10,- Dollar

Serena's Art factory   *Chobolobo - Blue Curaçao-Likörfabrik*

Vogel-Straußfarm   *Hofi-Pastor Garten*

Mit den Delphinen schwimmen in der Delphin Akademie Curaçao

Hato Höhlen

Schon vor Millionen Jahren bildeten sich die Hato Grotten unter Wasser. Als die Eiszeit kam und der Meeresspiegel sank, wurde so die Insel Curaçao geboren. Letztlich gibt es sicher größere und beeindruckendere Höhlen auf dieser Welt zu besichtigen, aber die Tropfsteinhöhle „Hato" hat auch durch seine Geschichte Besonderes zu erzählen. Das Höhlensystem umfasst eine Gesamtfläche von 4900 qm. An den Höhlenwänden befinden sich urzeitliche Zeichnungen, die etwa 1500 Jahre alt sind. Die Höhle hatte für die Indianer kultische Bedeutung. Aber auch die Sklavenzeit erzählt hier ihre eigene Geschichte. In der Höhle findet man versteinerte Korallen, Stalagmiten und Stalaktiten. Einige Kalksteinformationen beflügeln die Fantasie und man erkennt vielfältige Figuren, so z.B. eine Madonna Statue. Bemerkenswert ist auch, dass in der Höhle eine seltene Kolonie langnasiger Flughunde lebt.

Öffnungszeiten:	Die Höhlen sind täglich von 9:00 – 17:30 Uhr geöffnet. Geführte Touren gibt es zu jeder vollen Stunde bis 16:00 Uhr. Es werden auch deutschsprachige Führungen angeboten. Bitte vorher anrufen und abklären.
Adresse:	F.D. Rooseveltweg
Telefon:	005999/868-0379
Eintritt:	Erwachsene: 8,- Dollar , Kinder von 4 – 11 Jahre 6,- Dollar

Paradera - Kräutergarten

Für alle die Pflanzen und Kräuter mögen, sei hier noch auf einen ganz besonderen Garten, den 'Dinah Herb Garden' oder auch 'Paradera' hingewiesen. Dinah Veeris, eine Einheimische, begann schon in den frühen 80er Jahren den 'Paradera' – einen botanischen Garten – mit heute mehr als 300 Arten wilder Heilpflanzen anzulegen. Dinah Veeris ist Curaçaos Kräuterhexe. Ihre Kenntnisse der lokalen Botanik sind beeindruckend. Ein Besuch dieses Gartens ist für jeden Pflanzenfreund zu empfehlen. Der Park zeichnet sich durch eine besonders positive Atmosphäre aus und die Menschen, die hier arbeiten sind für ein Gespräch oder eine kleine Fachsimpelei immer offen. Übrigens: Paradera bedeutet tatsächlich 'Der Ort, an dem man sich wohlfühlt'. Am Ende Ihres Rundgangs können Sie Dinah Veeris Kräuter und Produkte, wie Essenzen als Badezusätze, Kräutertinkturen und spezielle Seifen käuflich erwerben, und an einer kleinen Bar erhalten Sie eine kühle Erfrischung.

Öffnungszeiten:	Montags bis samstags 9:00 – 18:00 Uhr
Adresse:	Seru Grandi Kavel 105
Telefon:	005999/767-5608

Eintritt:	Erwachsene: 8,- Dollar . Kinder von 4-11 Jahre 3,- Dollar. Wenn Sie eine geführte Tour durch den Garten machen wollen, dann sollten Sie vorher anrufen und nach einer englisch geführten Tour fragen. Geführte Touren kosten jeweils 1,- Dollar mehr.

Hofi Pastor Garten

Das Naturschutzgebiet Hofi Pastor ist weitgehend unbekannt und trotzdem eine Sehenswürdigkeit Curaçaos, denn hier steht der älteste Baum Curaçaos, der mit seinen über 800 Jahren sicher vieles erlebt hat. Dieser Baum mit seinen ausladenden Brettwurzeln ist wirklich sehenswert. In Hofi Pastor kann man einen wunderschönen, ausgedehnten Spaziergang machen. Die Gesamtfläche des Parks ist 12 Hektar. Man braucht ein wenig Zeit, um dieses Naturschutzgebiet in seiner wilden Schönheit zu erfassen. Am Ausgang wieder angelangt sollte man sich unbedingt ein selbstgemachtes 'Awa Lamunchi' (= Limonengetränk) oder einen 'Tamarinde'-Saft (= Getränk aus der Baumfrucht Tamarinde, auch Sauerdattel genannt) gönnen. Der Hofi Pastor Garten liegt in Barber. Sie finden ihn unmittelbar nach der gelben Kirche.

Öffnungszeiten:	Samstags bis donnerstags von 9:30 – 16:00 Uhr,
	freitags Ruhetag
	Nach unserer Erfahrung ist der Park nicht immer wie angegeben geöffnet, also besser vorher anrufen.
Adresse:	Weg naar Westpunt, Barber
Telefon:	005999/662 -2318
Eintritt:	5,- Gulden. Wenn es stark geregnet hat, ist es – wegen der unbefestigten Wege – nicht empfehlenswert den Park zu besuchen.

Mimi's Eco Farm (ehemalig Marcos Fischfarm)

Den Betreibern von Mimi's Eco Farm, der einzigen Tilapia Zucht auf Curaçao, bereitet es Vergnügen die wunderschöne Plantage für Naturliebhaber zugänglich zu machen. Besonders für Kinder ist die kleine Farm geeignet, denn hier gibt es auch viele weitere Tiere (Vogelarten, Eidechsen, Leguane, Pfaue, Gänse und Hühner) zu beobachten. Der geführte Rundgang in verschiedenen Sprachen zeigt viele Obstbäume, prächtige Aquarium-Fische, Wasserlilien und Wasserpflanzen, sowie Kräuter und biologisches Gemüse.

Hier finden Sie auch handgemachte Souvenirs aus Naturprodukten.

Öffnungszeiten:	Dienstags bis sonntags von 9:00 – 12:00 Uhr, montags geschlossen
Adresse:	Weg naar fuik 269
Telefon:	005999/666-0101 (auch nachmittags)
	Rufen Sie besser an und erkundigen Sie sich nach einer englisch geführten Tour.
Eintritt:	Erwachsene: 10,- Gulden, Kinder bis 12 Jahre 5,- Gulden

Mimis Eco Farm hat verschiedene weitere Angebote:

Führung: Erwachsene 12,50 Gulden, Kinder 6,25 Gulden
Fischen im Teich: 10,- Gulden pro Stunde
Tilapia Fussmassage im Teich:15,50 Gulden pro Stunde
Fun-Package = alles zusammen für 17,50 Gulden

Hinweis:

Viele der einzelnen Sehenswürdigkeiten auf Curaçao sind nicht dazu angelegt einen ganzen Tag auszufüllen. Die „Sehenswürdigkeiten" auf Curaçao sind alles in allem eher kleinerer Natur, dafür aber meistens reizend und liebevoll angelegt und betrieben. Es ist empfehlenswert, sich eine kleine Route zurechtzulegen, um zwei oder drei interessante Orte nacheinander an einem Ausflugstag zu besuchen.

Die Angaben über Öffnungszeiten und Eintrittspreise sind ohne Gewähr und entsprechen dem Stand von Juni 2016.

Galerien und Museen

Obwohl die Insel klein ist, gibt es zahlreiche Galerien und Museen. Es würde zu weit führen alle aufzuzählen, deswegen hier nur die (aus unserer Sicht) jeweils drei Interessantesten.

Galerie Serena's Art factory

Hier werden die bekannten Skulpturen mit dem Namen „Chichi" hergestellt, ausgestellt und verkauft.

Jan Louis 87 a – Willemstad   - Tel.: 005999 /738-0648

Galerie Nena Sanchez

Hier gibt es farbenfrohe Bilder und mehr im herrlich gelegenen Landhaus.

Landhaus Jan Kok - Willibrodus   - Tel.: 005999/ 864-0965

Galerie Alma Blou

Hier findet man sowohl schöne Souvenirs als auch ansprechende Kunst.

Landhaus Habaai - Frater Radulhusweg 4   - Tel.: 005999/ 462-8896

Curaçao Maritime Museum

Das Curaçao Maritime Museum nimmt seine Besucher mit auf eine Entdeckungsreise durch mehr als 500 Jahre Geschichte der Seefahrt Curaçao. Das Museum verfügt aber auch über eine separate Ausstellung über die Ölindustrie auf der Insel, die ab 1918 vielen Menschen hier zu Wohlstand verhalf und die für die weitere Entwicklung der Hafenaktivitäten am Schottegat sehr förderlich war.

Öffnungszeiten:	Dienstags bis samstags von 9:00 - 16:00 Uhr
Adresse:	van den Brandhofstraat 7
Telefon:	005999/465-2327
Eintritt:	Erwachsene: 6,50 Dollar, Kinder von 6-12 Jahre 3,- Dollar.
Homepage:	www.Curacaomaritime.com
E-mail:	info@Curacaomaritime.com

Savonet Museum Curaçao

Das Museum „Savonet" liegt im bzw. am Christoffel-Nationalpark und wurde 2012 vollständig renoviert und mit modernen audiovisuellen Medien ausgestattet.

Hier bekommt man einen wirklichen Einblick in das Leben der ehemaligen Bewohner der Region, beginnend mit den ersten Indianer, die vor fast 4000 hierher kamen bis in die Gegenwart. Historische Artefakte, Fotos, Antiquitäten und vieles machen den Museumsbesuch sehr interessant.

Öffnungszeiten:	Montags bis samstags von 7:30 - 16:00 Uhr, sonntags von 6:00 - 15:00 Uhr
Adresse:	Savonet (Eingang Christoffelpark)
Telefon:	005999/ 864-0363
Eintritt:	Erwachsene 12,50 Gulden, Kinder 7,50 Gulden
Homepage:	www.savonetmuseum.org
E-mail:	info@savonetmuseum.org

Curaçao Museum

In diesem Museum ist ein Blick in die Vergangenheit möglich aber auch lokale und internationale zeitgenössische Kunst wird dargestellt. Eine reiche Sammlung mit Arbeiten von Hipolito Ocalia, Enrique Olario, Luigi Pinedo, Mari Capricorne, Jean Girigorie, Jan Sluijters, Charley Toorop, Isaac Iraels, Edgar Fernhout, Corneille, Han van Meegeren und Carel Willink befindet sich hier.

Aber nicht nur Gemälde, sondern auch Skulpturen, Glas- und Textilarbeiten machen das Museum so lebendig.

Hier können Sie ein Wohnzimmer und ein Schlafzimmer mit Mahagoni Möbeln aus dem 19. Jahrhundert bewundern. Interessant ist auch die traditionelle Curaçao Küche, die hier ausgestellt ist.

Öffnungszeiten:	Dienstags bis freitags von 8:30 - 16:30 Uhr, samstags von 10:00 - 16:00 Uhr
Adresse:	van Leeuwenhoekstraat z/n
Telefon:	005999/ 462 3873
Eintritt:	Erwachsene 5,50 Dollar, Kinder 3,- Dollar
Homepage:	www.theCuracaomuseum.com
E-mail:	info@theCuracaomuseum.com

Wichtige Adressen für touristische Informationen

Curaçao Tourist Board Deutschland	Bayerstr. 16A D-80335 München 0049(0)89/517-03298 www.Curacao.de info@Curacao.de
Curaçao Tourist Board Europe	Vasteland 82-84 Postbus 23227 NL-3001 KE Rotterdam 0031(10)/414-2639 www.Curacaoinfo.nl info@ctbe.nl
Curaçao Tourist Board in Curaçao	Pietermaai 19 P.O. Box 3266, Curaçao 005999/434-8200 www.Curacao.com info@Curacao.com

Weitere interessante Internetadressen:

Gelbe Seiten	www.yellowpages-Curacao.com
Online Straßenkarte	www.curamap.com
Veranstaltungskalender	www.k-pasa.com
Curaçao Tourist Amt	www.Curacao.com
Schifffahrtsverkehr:	www.marinetraffic.com
Karneval	www.Curacaocarnival.com

Empfehlenswerte Apps

Es gibt verschiedene kostenlose und größtenteils offline verfügbare Apps von bzw. über Curaçao. Diese würden wir empfehlen:

 „Curaçao to go".    „Curaçao App"

 „Best of Curaçao"   „Curaçao Map"

TEIL C: Outdoor

Dieses Kapitel mit jeder Menge Informationen über die Natur und Tipps für den Aktivurlauber ist deshalb entstanden, da immer mehr Menschen in ihrem Urlaub sowohl aktiv sein, als auch entspannen wollen.

Pflanzen

Auf den ersten Blick sieht es für manchen Erstlings-Besucher so aus, als ob auf Curaçao nichts wirklich wächst, außer dorniges Gebüsch und jede Menge Kakteen. Bei genauerem Hinsehen entdeckt man jedoch die Vielfalt und den Reiz der Pflanzenwelt mit weit über hundert verschiedenen Kakteen-, Palmen- und Baumarten.

Palmen

Mit der Karibik verbinden die meisten Menschen auch Palmen. Gemeint sind meistens die großen Kokospalmen, aber auch die kubanische Königspalme. Auf Curaçao gibt es diese Palmen selbstverständlich auch, aber nicht in den Mengen wie man das von anderen karibischen Inseln gewohnt ist. Dafür gibt es hier viele weitere Palmenarten, wie z. B. die „Washingtonia", die „Goldfruchtpalme" oder die beeindruckende blau-grüne Fächerpalme mit dem Namen „Latania".

Kakteen, Agaven und Aloe Vera

Das trockene Klima prägt die Insel mit Agaven und sehr großen Säulen-Kakteen. Doch auch hier zeigt sich das Wunder der Natur, denn die Kakteen zeigen oft beeindruckende Blüten und eine Agave schießt in ihrer Blütezeit gleich eine unglaubliche, meterhohe Blüte in den Himmel.

Und natürlich gibt es viele wilde Aloe-Vera Pflanzen. Diese weltbekannte Heilpflanze wird auch für die Kosmetik eingesetzt. Der Saft einer Aloe-Vera Pflanze hilft bei Sonnenbrand, kleineren Wunden und Hautirritationen aller Art. Einfach ein 'Blatt' abschneiden, die Ränder und die äußere Haut entfernen bzw. schälen und das Gel direkt auf die Haut auftragen.

Divi-Divi -Baum

Charakteristisch und einzigartig auf den ABC-Inseln sind die Divi-Divi Bäume. Auf Curaçao finden Sie sie vor allem im Westteil der Insel. Die Divi-Divi Bäume sind gut zu erkennen, denn die charakteristische Krone des Baums wächst durch den Nordost-Passatwind nur in diese Windrichtung. Der eher kleine Baum hat eine gefiederte Belaubung und kleine, creme gelbe, eher unscheinbare, aber intensiv duftende Blüten.

Flammenbäume

Der Flammenbaum oder 'Flamboyant', wie er auf Curaçao genannt wird, ist ein wunderschöner, großer, sommerlich grüner Laubbaum, der bis zu 17 m groß werden kann. Seine hellgrünen Blätter stehen im Kontrast zu den auffallend leuchtend orange-roten Blüten, die Ihnen sicher auffallen werden, denn wie ein Flammenmeer umringen die Blüten die Baumkrone. Der Flamboyant ist eine tropische Baumart. Er blüht nach der Trockenperiode in den Sommermonaten.

Frangipani

Der Frangipani ist ein wohlriechender westindischer Jasmin- oder auch Tempelbaum, wie er oft genannt wird. Er ist ein Synonym für Sonne, Sommer und Entspannung, da die meisten den Frangipani nur vom Urlaub in sonnigen Regionen kennen. Der Stamm und die Äste sind knochig und merkwürdig verzweigt, aber die Blüten dieses Baumes sind zart wie Porzellan und wunderschön. Die Blütenpracht gibt es in vielen Farbschattierungen von Weiß bis gelb und von hell- bis dunkelrosa.

Kalebasse

Der Kalebassenbaum gehört zu der Familie der Trompetenbaumgewächse. Er ist ein immergrüner Baum auf Curaçao und produziert auffallend große 'Früchte', die rundlich bis elliptisch sind. Die Früchte der Wildform haben eine Größe von etwa 10 cm. Früchte von kultivierten Bäumen können sogar eine Größe von 45 cm, bei einem Durchmesser von 30 cm erreichen. Die Früchte sind zunächst grün, später gelb und ausgereift braun. Der Kalebassenbaum zieht nach unserer Erfahrung auch Fledermäuse und Kolibris an.

Die Früchte des Kalebassenbaums kann man nicht essen. Aus den schon vor der Reife geernteten, getrockneten, ausgehöhlten und polierten Früchten werden Schalen, Trinkgefäße und diverse Kunstgegenstände, aber auch Rumba-Rasseln hergestellt. Die Sklaven machten früher aus Kalebasse Becher, Schüsseln, Schöpfkellen und andere nützliche Haushaltsgegenstände.

Moringa-Baum

Von vielen, selbst von Wissenschaftlern, wird der Moringa zu Recht als Wunderbaum bezeichnet. Moringas wachsen in warmen Gefilden wie auf Curaçao besonders gut und sehr schnell. Die Vitalstoffe und seine ungeheuren Fähigkeiten sind beeindruckend. Alles von diesem Baum ist essbar oder nutzbar. Jeder möchte am liebsten eine solche Pflanze haben und seine ganze Energie und Heilkraft aufnehmen und die Schulmedizin damit zum Teufel schicken.

Manzalina-Baum

So gesund der Moringa-Baum, so gefährlich ist der Manzalina Baum, denn dieser Baum ist giftig. Manzalina Bäume sind auf der Insel relativ weit verbreitet. Es ist ein Baum mit hellbrauner, glatter Rinde und kleinen, grünen Blättern. Wenn Manzalina Bäume an Stränden stehen, sind sie sicherlich willkommene Schattenspender. Sie sind aber auch wegen ihrer Giftigkeit mit einem großen orangefarbenen Schild gekennzeichnet. Manzalina Bäume sind bei trockenem Wetter völlig ungefährlich. Bei Regen dagegen sollte man sie wirklich meiden. Auch die Früchte sollte man auf keinen Fall essen. Der Baum enthält einen milchigen Saft, der auf der Haut nach etwa einer halben Stunde heftiges Brennen, Entzündungen und Bläschen-Ausschlag verursacht. Kommt der giftige Saft in die Augen kann man sogar erblinden.

Neem Tree

Der Neem Tree oder Niembaum ist ein wirklich außergewöhnlicher Baum. Ursprünglich kommt er aus Nyanmar (Burma) und Indien, wo man die positiven Eigenschaften seiner Blätter, seiner Rinde und seines Öls seit Jahrtausenden schätzt. Der Niembaum ist ein immergrüner Baum mit einer Höhe von bis zu 20 Metern. Er blüht mit kleinen weißen Blüten die einen angenehmen Duft haben.

In Indien wird dieser leicht anbaubare und sehr widerstandsfähige Baum als heilig betrachtet. Er spielt dort bereits seit Jahrtausenden in der Ayurvedischen Medizin eine große Rolle. Genutzt werden die Rinde, die Blätter, sowie die Früchte und das daraus gewonnene Niemöl. Diese werden in Indien als Heilmittel bei den unterschiedlichsten Krankheiten eingesetzt. Der Niembaum erobert seit einigen Jahren die Welt. Forschungseinrichtungen in Amerika und Europa untersuchen seine vielfältigen Einsatzmöglichkeiten und viele Wissenschaftler sprechen vom Niembaum bereits heute von einem "Wunderbaum".

Übrigens: Das Niemöl wird nicht nur bei vielen Krankheiten benutzt; der Niembaum vertreibt auch Insekten und kann zur Schädlingsbekämpfung eingesetzt werden.

Fruchtbäume und Sträucher

Auf Curaçao gedeihen ebenso Fruchtbäume wie z. B. Mango- und Bananenbäume. Aber auch der weniger bekannte Tamarindenbaum, der Guabanabaum oder der Shimoruko-Strauch, der kirschähnliche Früchte hervorbringt, wachsen auf Curaçao. Sogar sehr große wunderschöne Orchideen-Sträucher gibt es hier.

Besonders im Westen der Insel findet man auch wunderschön blühende Büsche und Pflanzen wie die Bougainvillea, der Hibiskus oder der Oleander.

Blühende Bäume und Sträucher aus dem Don Genaro Garten: v.l.n.r. Und von o. nach u.: Blüten von: Bouganville, Frangipani, Hibiskus, Oleander Bonaire, Passionsblume, Orchideenstrauch

Blühender „Oleander Bonaire"   *Giftiger Manzalina Baum*

Tiere

Auf Curaçao gibt es keine wirklich gefährlichen Tiere, dafür umso mehr harmlose Säugetiere, jede Menge Vögel und Reptilien. Allein mehr als 160 Vogel-, 16 Eidechsenarten und wirklich unendlich viele Ziegen, Hunde und Katzen sind hier beheimatet.

Vögel

Von den hier lebenden 160 Vogelarten sind ca. 50 Arten Brutvögel, 90 sind zugewandert bzw. eingeflogen und kommen vorwiegend aus den Vereinigten Staaten und Südamerika. Weitere 19 Arten sind Meeresvögel.

Oranger Baltimoretrupial

Auf Curaçao sieht man oft den auffällig schönen, schwarz-weiß und orange gefärbten Trupial-Vogel, der ca. 18 cm groß wird. Kopf und Schnabel sind schwarz gefärbt. Bauch und die untere Brust sind orange farbig. Die Flügel sind schwarz mit einem auffällig weißen Streifen.

Zuckervögel

Die kleinen, schwarz-gelben Zuckervögel sind ganz besonders häufig anzutreffen. Sie lieben Zuckerwasser, aber auch Orangensaft. Sie sind Touristen gewöhnt und sehr zutraulich. Der Zuckervogel ist ein emsiger Nestbauer.

Grüne St.-Thomas-Sittiche

St.-Thomas-Sittiche sind ungefähr 25 Zentimeter groß und ihr Gefieder ist überwiegend grünlich gefärbt. Diese Vögel, die aussehen wie kleine Papageien, fliegen meist als Paar oder in kleinen Schwärmen und könnten 'westdeutsche Meister' im Synchronfliegen und Kreischen werden.

Greifvogel Schopfkarakara / Wara-Wara

Der bis zu 60 cm große Schopfkarakara-Greifvogel ist auf Curaçao während des gesamten Jahres anzutreffen. Er trägt die Farben Schwarz, Weiß und Braun. Die auffällig langen Beine dieser Vögel sind gelb. Dieser Vogel ist an seinem majestätischen Flug leicht zu erkennen. Oft stolziert er mit seinen langen Beinen aber auch auf der Straße umher, weil er hier überfahrene Kleintiere als Nahrung findet. Die Nahrungspalette dieser Vögel reicht von kleinen Säugetieren und Jungvögeln bis hin zu Aas.

Kolibris

Die kleinen Kolibris sind genial 'gebaute', wunderschöne Vögel, die fleißig wie Bienen, hoch spezialisiert ihren Nektar suchen. Sie sind Meister der Flugtechnik, denn sie fliegen mit einer sehr hohen Frequenz von 40 bis 50

Flügelschlägen pro Sekunde. Mit ihren beweglichen Flügeln können sie sogar rück- und seitwärts fliegen.

Übrigens: Der Name Kolibri entstammt dem karibischen Wort 'leuchtende Fläche'. Ein sehr schöner und passender Name angesichts des wunderbar metallisch schillernden Gefieders.

Pelikane

Pelikane gehören zu den größten lebenden Vögeln der Welt. Der einsame, braune Pelikan sucht seine Beute meist im Flug. Er kreist so lange über der Meeresoberfläche, bis er im Sturzflug mit einem enormen Schlag ins Wasser seine Beute fängt. Dabei sichtet er Fische vorher bis zu 1,50 Meter Wassertiefe.

Flamingos

An der Westküste Curaçaos befinden sich einige alte Salinen, in denen die roten Flamingos als auch die weniger kräftig gefärbten Zwergflamingos leben. In flachen Gewässern suchen die Tiere nach kleinen Algen, die sie mit ihren speziellen Schnäbeln aus dem Wasser filtern.

Übrigens: Durch das Beta Karotin in den Algen erhalten die Flamingos ihre typische Gefiederfarbe von rosa bis orange. Ein Flamingo-Gebiet finden Sie z. B. auf dem Weg nach Westpunt. Biegen Sie auf der Hauptstraße (von Willemstad kommend) links Richtung 'Willibrordus' ab.

Fledermäuse

Fledermäuse sind angeblich auf Curaçao vom Aussterben bedroht. Man findet die langnasigen Flughunde in den Hato-Höhlen, aber nach unserer Erfahrung auch in großen Gruppen in den Kalebassenbäumen.

Nacktaugentaube

Auffälligstes Merkmal dieser Taubenart ist nicht das bräunlich bis rotbräunliche Gefieder, sondern sehr große - von schwarzen Hautringen umgebene - ausdrucksstarke Augen. Sie werden diesen Vogel sofort erkennen.

Tropen – Spottdrossel

Diese nur 25 Zentimeter große Vogelart wird auf Curaçao „Chuchubi" genannt. Die Spottdrossel ist zum überwiegenden Teil grau-braun gefärbt. Mit den langen Schwanzfedern kann dieser Vogel sein Gleichgewicht halten, wenn er auf dünnen, schwankenden Ästen sitzt. Der Chuchubi ist ein verhältnismäßig unscheinbarer Vogel aber die Menschen hier auf Curaçao achten auf diesen Vogel, denn sie glauben, dass er mit seinem Gesang Neuigkeiten verbreitet bzw. ausplaudert. Auch Besuch kündigt dieser Vogel mit seinem Gesang rechtzeitig an.

Kolibri   *Flamingo*

Leguan

Karibik Karakara
Fotos: Hans-Wilhelm Grömping

58

Reptilien

Leguane

Die Leguane (Iguani) sind die Könige unter Curaçaos Reptilien. Es gibt sie in giftgrün und auch in einem sehr gedeckten graugrün. Sie sind nicht nur am Boden auszumachen, sondern klettern auch gerne auf Bäumen bzw. Sträuchern, so dass sie in freier Natur manchmal nur auf den zweiten Blick zu erkennen sind, weil man sie so weit oben einfach nicht vermutet. Leguane sind Pflanzenfresser und man kann sie gut füttern, z. B. mit Salatgurke oder Mangos. In Willemstad gibt es einen 'Iguana-Man', der meist ein bis zwei Leguane bei sich führt und sein zweifelhaftes Geschäft mit 'Iguana-Fotos' betreibt.

Eidechsen

Darüber hinaus gibt es noch weitere kleinere Eidechsenarten, über deren Namensgebung allgemeine Verwirrung herrscht. Die bedeutend kleineren, schlanken braunen Echsen sind Ringelschwanz-Eidechsen. Die kleineren, weiblichen Exemplare werden 'Laga-dishi' genannt, die größeren, blaugrünen sind die erwachsenen Männchen und werden 'Blobo' genannt. Geckos wohnen in kleinen Bäumen und ernähren sich meistens von Moskitos. Das Männchen, genannt 'Toteki' oder 'Kaku', zeigt eine hellgelbe bis orangefarbene Halsfärbung, die anschwillt, um Angreifer abzuschrecken und den Weibchen zu imponieren.

Architektur

Curaçao hat trotz der düsteren Vergangenheit nicht nur eine lebensfrohe Mentalität, sondern auch eine bunte Architektur. Beinahe jedes Haus auf der Insel ist farbig gestrichen. Man wird hier kaum ein weißes, und schon gar nicht ein weißes altes Haus finden, denn 1817 machte der erste Gouverneur Albert von Willemstad die blendend weißen Häuser für seine chronischen Kopfschmerzen bzw. für seine Augenkrankheit verantwortlich. Der Gouverneur erließ daher ein Gesetz, das vorschrieb, alle Häuser in unterschiedlichen Farben zu streichen. Seit jener Zeit wurden die Häuser abgetönt bzw. farbig gestrichen. Heute ist es einfach Tradition die Häuser weiterhin bunt zu streichen.

Übrigens: Interessant zu wissen, dass jener Gouverneur seinerzeit mit seinem Freund und Rechtsanwalt eine Farbenfabrik gründete, die noch heute floriert.

Landhäuser

Die Insel Curaçao wird architektonisch von charakteristischen Landhäusern und Forts geprägt. Jedes Landhaus und jedes Fort schreibt seine eigene Geschichte und ist heute Zeitzeuge einer fernen Vergangenheit. Ein Teil der ca. 50 restaurierten Landhäuser und die meisten Forts sind der Öffentlichkeit zugänglich.

Die Landhäuser sind meistens Villen von ehemaligen Plantagenbesitzern und Sklavenhaltern von Curaçao. Sie wurden im 17., 18. und 19. Jahrhundert erbaut. Es gab ca. 100 Plantagen und entsprechend viele Landhäuser auf Curaçao. In dieser Zeit gab es noch genug Wasser auf der Insel, so dass Mais, Baumwolle, Bohnen und vieles mehr erfolgreich angebaut werden konnten.

Die Namen der Plantagen gaben vielen Gegenden und Stadtvierteln Curaçaos ihren Namen und werden heute noch benutzt, so z. B. Pannekoek und Doktorstuin. Im Zentrum einer Plantage stand das Landhaus, in dem der Plantagenbesitzer lebte. Einfachste Sklavenhütten, die sich ebenfalls auf der Plantage befanden, dienten den hier arbeitenden Sklaven als spärliche Untorkunft.

Die Landhäuser wurden meistens auf einem Hügel erbaut. Nicht wegen der schönen Aussicht, sondern damit die Plantagenbesitzer durch ihre dadurch weithin sichtbaren Landhäuser in der Lage waren, sich im Falle eines Sklavenaufstandes gegenseitig rechtzeitig und mithilfe einer Fackel, die am Giebel des Hauses angebracht war, zu warnen. Heute existieren noch ca. 50 von diesen Landhäusern, verteilt über die ganze Insel. Einige dieser Landhäuser kann man besuchen.

Landhaus Ascension

Die Plantage Ascension wurde bereits 1672 errichtet und befindet sich auf dem Gelände eines ehemaligen Indianerstammes. Ein Besuch des Landhauses Ascension, das heute im Besitz der niederländischen Marine ist, lohnt sich. Leider ist es nur jeden ersten Sonntag im Monat für die Öffentlichkeit zugänglich. An diesem Tag kann man aber nicht nur das Landhaus besichtigen, sondern es gibt darüber hinaus auch einen nahezu heiteren, ökumenischen Gottesdienst, einheimische Künstler, die ihr Kunsthandwerk anbieten und lokale Musiker und Tänzer bzw. Tanzgruppen. Natürlich wird mit Getränken und kleinen Snacks auch für das leibliche Wohl gesorgt. Sie finden das Landhaus auf Ihrem Weg nach Westpunt kurz vor Barber auf der rechten Seite.

Öffnungszeiten:	Jeden ersten Sonntag im Monat von ca. 10:00-14:00 Uhr.
Adresse:	Weg naar Westpunt
Telefon:	005999/864-1950
Eintritt:	frei

An einigen Wochentagen werden auch geführte Touren angeboten. Bei Interesse rufen Sie einfach mal an und informieren Sie sich.

Landhaus Jan Kok

Das Landhaus Jan Kok gehört zu den ältesten Landhäusern der Insel. Hier lebte der gleichnamige Sklaventreiber, der für seine Grausamkeit bekannt war. Auf der Terrasse hängt noch die alte Sklavenglocke. Die Einheimischen glauben, dass der böse Geist Jan Koks in diesem Haus immer noch lebendig ist. Auf der ca. 345 ha großen Plantage wurde Salz produziert, aber auch Ackerbau und Viehzucht betrieben. Heute kann man das Landhaus besichtigen, bzw. die Galerie der einheimischen Künstlerin Nena Sanchez besuchen. Gönnen Sie sich einen kühlen Drink auf der schönen Terrasse und genießen Sie die Aussicht. Hier hat man einen herrlichen Blick auf die Salzpfannen der St. Marie Bay, wo die Flamingos beheimatet sind.

Sie finden das Landhaus, wenn Sie von der Hauptstraße, die Sie in Richtung Westpunt fahren, links Richtung Willibrordus abbiegen.

Öffnungszeiten:	Dienstags bis sonntags von 10:00 – 18:00 Uhr.
Adresse:	Willibrordus
Telefon:	005999/864-0965
Eintritt:	frei

Landhaus Ascencion

Fort Amsterdam

Landhaus Doktorstuin

Auf Ihrem Weg von Willemstad nach Westpunt liegt auf der linken Seite kurz vor Barber das Landhaus Doktorstuin. Dieses Landhaus aus dem 17. Jahrhundert wurde 1996 restauriert, hat aber dennoch seinen alten Charme erhalten. In der zweiten Hälfte des 19. Jahrhunderts gehörte das Anwesen der Regierung, die kleine Grundstücke an ehemalige Sklaven verpachtete. So versuchte die Regierung die Entwicklung der Landwirtschaft anzutreiben.

Heute befindet sich dort das Restaurant 'Komedor Kriollo'. Im großen Picknickgarten werden hier kreolische Speisen serviert. Das Landhaus Doktorstuin ist insbesondere für die Leguansuppe bekannt. Allerdings kann man diese Suppe Menschen mit europäischen Geschmacksnerven nicht empfehlen.

Öffnungszeiten: Täglich von 9:00 – 16:00 Uhr.
Adresse: Komedor Krioyo
Telefon: 005999/864-2701
Eintritt: frei

Landhaus Groot Santa Martha

Ende des 17. Jahrhunderts wurde das Landhaus Groot Santa Martha gebaut. Anfangs war hier eine sehr große Zuckerrohrplantage, später kam die Produktion von Hülsenfrüchten und Salz hinzu. Die Plantage wurde auch zur Rinderhaltung genutzt. Schon vor ca. 30 Jahren wurde das Landhaus renoviert und bietet seitdem körperlich und geistig behinderten Menschen Arbeitsstellen. Im Groot Santa Martha sind Kunstgewerbe, Holz- und Töpferarbeiten zu sehen und käuflich zu erwerben.

Öffnungszeiten: Täglich von 8:00 – 15:00 Uhr, vorheriger Anruf erwünscht.
Adresse: Groot Santa Martha, Soto
Telefon: 005999/864-1323
Eintritt: frei

Landhaus Knip

Das Landhaus Knip, oder wie es auf Papiamentu heißt: 'Kenepa', wurde nach den Früchten des Kenepabaumes benannt. Es war eine der blühendsten Plantagen der Insel. Das Anwesen produzierte Divi-Divi-Samentöpfe und Schafwolle. Das Kolonialhaus ist auch geschichtlich von besonderer Bedeutung. Es war im Landhaus Kenepa, wo die Sklaven sich am 17. August 1795 weigerten weiterhin auf der Plantage zu arbeiten und einen Aufstand herbeiführten, angeführt von Tula. Die aufständischen Sklaven wurden in Santa Cruz überwältigt und deren Anführer zum Tode verurteilt.

Heute befinden sich dort ein Museum, sowie eine Ausstellung antiker Möbel und Hauswirtschaftsgeräte. Die kleine Führung ist beeindruckend und im Preis inbegriffen.

Öffnungszeiten:	Dienstags bis sonntags von 9:30 – 16:30 Uhr
Adresse:	Landhaus Kenepa
Telefon:	005999/864-0244
Eintritt:	Erwachsene: 5,- Gulden, Kinder 6 - 12 Jahre: 1,- Gulden

Landhaus Savonet

Am Eingang zum Christoffelpark befindet sich das Landhaus Savonet. Es wurde bis Herbst 2010 vollständig restauriert und ist nun ein wirklich interessantes Museum. Mit neuester Technik kann man sich durch die Ausstellung leiten lassen und erfährt ungeheuer viel über das Leben der Ureinwohner und den Menschen, die seither auf der Insel lebten.

Öffnungszeiten:	Montags bis samstags von 7:30 – 16:00 Uhr, sonntags von6:00 – 15:00 Uhr.
Adresse:	Landhaus Savonet
Telefon:	005999/864-0363
Eintritt:	Erwachsene: 12,50 Gulden, Kinder: 7,50 Gulden

Landhaus Habaai

Wenn Sie über die Julianabrücke Richtung Banda Abou fahren, sehen Sie das Landhaus Habaai auf der linken Seite. Dieses Kolonialhaus ist eines der schönsten der Insel. Der elegante Stil des Hauses machte es bei Offizieren und angesehenen Familien der Insel besonders beliebt. Als die Engländer 1805 zum zweiten Mal Curaçao überfielen, ließen sie sich in Habaai nieder und attackierten von dort aus die Stadt.

Heute befindet sich im Landhaus Habaai die Galery Alma Blou, die auch wirklich schöne inseltypische Souvenirs bzw. Kunstgegenstände anbietet.

Öffnungszeiten:	Montags bis freitags von 9:30 – 17:30 Uhr, samstags von 10:00 – 14:00 Uhr.
Adresse:	Frater Radulphusweg 4, Willemstad
Telefon:	005999/462-8896
Eintritt:	frei

Landhaus Bloemhof

Bloemhof war eine der kleineren Plantagen auf der Insel und daher eher unbedeutend. Im Laufe der Jahrhunderte wurde es immer wieder verkauft, aber seit fast hundert Jahren ist es jetzt in den Händen einer einzigen Familie. n den letzten 50 Jahren hat sich hier vieles verändert und Bloemhof ist zu einem Treffpunkt vor allem für Kunst-, Literatur-, Theater- und Kulturliebhaber geworden. Im Jahr 2001 wurde das Landhaus restauriert, wobei der Charme vergangener Zeiten erhalten wurde.

Das Landhaus Bloemhof beheimatet heute eine Galerie, eine Bibliothek, einen Werkstatt-Bereich und einen Skulpturengarten.

Rufen Sie einfach mal an und informieren sich über die aktuellen Aktivitäten.

Öffnungszeiten:	Dienstags bis samstags von 9:00 – 14:00 Uhr oder nach Vereinbarung.
Adresse:	Santa Rosaweg 6
Telefon:	005999/737-5775
Eintritt:	2,- Dollar

Forts

Curaçao musste sich immer wieder gegen verschiedene Angreifer verteidigen. Deshalb bauten die Niederländer ungefähr ab Mitte des 17. Jahrhunderts entlang der Südküste Curaçaos mehrere Forts. Einige dieser Forts wurden zu Hotels, Museen, Läden und Restaurants umgebaut und zur Besichtigung freigegeben. In anderen befinden sich heute auch Büros und Geschäftsräume. Hier die wichtigsten bzw. interessantesten:

Fort Amsterdam

Das Fort Amsterdam wurde 1635 auf einem Punkt (= Punda) am östlichen Teil des Landes direkt am Hafeneingang erbaut. Fort Amsterdam verfügt über einen sehr schönen Innenhof. Heute befindet sich hier die Residenz des Gouverneurs, das Ministerium, mehrere Regierungsbüros und die vereinigte protestantische Kirche inkl. Museum. Der Eingang zum Innenhof befindet sich unter dem Gouverneurspalast. Achten Sie auf die Kirchenmauern, denn in einer steckt noch immer die Kanonenkugel, die Captain Blight 1804 von seinem Segelschiff "Bounty" aus abgefeuert hat.

Übrigens: Das Fort Amsterdam steht auf der Weltkulturerbliste der UNESCO.

Lage und Adresse:	Punda, Waterfortstraat

Waterfort

Das Waterfort wurde im Jahr 1634 erbaut, um Punda vor feindlichen Angriffen vom Meer aus zu schützen. Das Bauwerk ist nur einen Katzensprung vom Fort Amsterdam entfernt. Der Originalbau wurde 1827 durch ein eindrucksvolles Gebäude mit 136 Türmchen und Gewölbe ersetzt und beherbergte Läden und Ställe. Während des 2. Weltkrieges waren viele Truppen dort untergebracht. Heute gibt es hier zahlreiche Restaurants und Cafés in bevorzugter Lage direkt am Meer.

Lage und Adresse: Willemstad, Pietermaai

Rif Fort

Das 1828 erbaute Rif-Fort ist zwischen der Hafeneinfahrt, der Küste und dem ehemaligen Rifwater gelegen. Es diente dem Schutz des äußeren Bereichs des Stadtteils Otrobanda. Im Fort befinden sich heute einige Gourmetrestaurants, unter anderem das berühmte französisch-schweizerische Restaurant, Bistro 'Le Clochard', das über eine Terrasse an der Mündung des Hafens verfügt. Das Rif Fort ist heute auch bekannt für seine gehobene Einkaufsmeile.

Lage und Adresse: Das Rif Fort liegt unmittelbar an der
                             Kaimauer auf der Otrobandaseite.

Fort Beekenburg

Fort Beekenburg wurde 1703 an der Caracas Bucht erbaut und sollte fortan Piraten abwehren. Im 18. Jahrhundert verteidigte das Fort Curaçao aber auch mehrere Male gegen die französischen und englischen Angreifer. Heute ist es eines der am besten erhaltenen Forts der gesamten Karibik. Beekenburg ist nur nach Voranmeldung zu besichtigen.

Lage: Sie sehen Beekenburg schon von weitem, wenn
                             Sie auf dem Caracasbaaiweg nach Caracasbaai
                             fahren.

Fort Nassau

Fort Nassau ist nach dem niederländischen Königshaus benannt. Es wurde 1797 gebaut, um die Sint Annabaai und einen Teil der Innenstadt zu verteidigen. Fort Nassau ist heute ein Restaurant innerhalb der Fortmauern. Von hier aus haben Sie einen fantastischen Ausblick über den Hafen. Hier werden internationale Spezialitäten mit karibischen Einflüssen angeboten.

Lage und Adresse: Fort Nassauweg, Willemstad

Telefon: 005999/461-3450

Nationalparks

Christoffel-Nationalpark

Der Christoffelpark liegt auf dem Weg zwischen Barber und Westpunt und ist der größte Nationalpark von Curaçao.

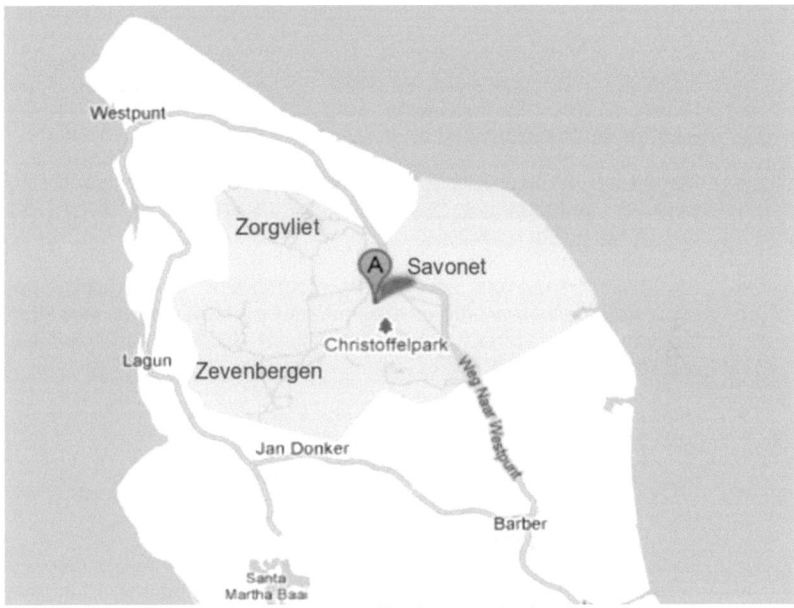

A: Lage des Christoffel Nationalparks im Nordwesten der Insel

Der Park liegt rund um die drei früheren Plantagen Savonet, Zorgvliet und Zevenbergen, die das Land Curaçao übernommen hat und die jetzt in der Obhut der Carmabi Stifung liegen.

Der Christoffelpark wurde bereits in den Jahren 1972 bis 1978 erschlossen. Er ist ein Naturschutzgebiet, das von der Stiftung Stinapa verwaltet wird. Der Eingang des Nationalparks befindet sich auf der Straße nach Westpunt beim Landhaus Savonet. Den Christoffelpark kann man mit dem Auto, zu Fuß oder mit dem Mountainbike erkunden. Der Nationalpark bietet eine reiche Flora und Fauna, doch man muss Zeit und Muße mitbringen, wenn man auf eigene Faust die kleinen und großen Wunder dieses Parks entdecken will.

Hier gibt es 500 verschiedene Pflanzen sowie ca. 80 Vogelarten zu entde-cken, darunter Arten, die anderswo nicht so leicht auf der Insel zu sehen sind. Z. B. wilde Orchideen, die seltene einheimische Schleiereule und das scheue Curaçao-Rotwild. Ebenso kann man hier Leguane, Schlangen und andere im Park vorkommende Tiere aus nächster Nähe betrachten. Morgens werden zudem die kleinen gelben Zuckervögel gefüttert. Ein echtes Schauspiel.

- Neben Natur pur kann man im Nationalpark noch weitere interessante Dinge sehen:

- Es gibt mehrere spektakuläre Aussichtsplattformen, z. B. „Boka Grandi" – die Bucht mit dem auffallend weißen Sand liegt an der rauen Meeresseite im Nordteil und der Abstieg über eine in den Fels gehauene Treppe ist abenteuerlich.

- Mit etwas Glück können Sie auch eine Flamingokolonie sehen, denn im Christoffelpark gibt es auch eine Saline, wo sich die schönen Vögel gerne aufhalten.

- Im Christoffelpark gibt es mehrere Höhlen bzw. Grotten an denen noch Felsmalereien der Arawak-Indianer zu sehen sind. In einigen Höhlen leben seltene Fledermäuse. Diese Höhlen sind für den Besucher daher nicht zugänglich.

- Interessant ist es auch die Ruine des Plantagenhauses Zorgvliet zu besichtigen.

- Im Christoffelpark können Sie außerdem auch einen alten Sklavenpfahl entdecken.

- Darüber hinaus können Sie die „Monton di Piedra" besichtigen. Es handelt sich hierbei um eine Natur-Steinmauer, die die Plantagen voneinander abgrenzten.

Im Christoffelpark befindet sich auch das Museum Savonet. Es wurde vollständig restauriert und öffnete seine Türen für die Öffentlichkeit im Herbst 2010. Auf beeindruckende Art erfährt man die Geschichte der Sklaven bis hin zu der heutigen Lebensweise der Einheimischen. Außerdem ist es auch interessant mehr über die Geologie von Curaçao zu erfahren.

Besucher sollten berücksichtigen, dass man eine separate Eintrittskarte für das Museum benötigt (Erwachsene 12,50 Gulden, Kinder 7,50 Gulden) Wenn Besucher sowohl das Museum als auch den Park am selben Tag besuchen möchten, bekommen sie einen ermäßigten Eintritt. Fragen Sie danach.

Im Christoffel-Nationalpark kann man herrlich wandern. Es gibt acht Wanderwege in verschiedenen Schwierigkeitsstufen und Längen, so dass der Besucher die Wahl zwischen einem relativ kurzen, gemütlichen Spaziergang oder einer sportlichen dreistündigen Wanderung hat. Der längste Weg ist 12 km lang. In jedem Fall empfiehlt es sich an bewölkten Tagen zu wandern oder in den sehr frühen Morgenstunden aufzubrechen, da die Sonne auf

Curaçao sehr intensiv ist. Unbedingt: Kopfbedeckung, Sonnencreme und genügend Wasser mitnehmen. Vier der Wanderwege befinden sich im nördlichen und ebenfalls vier im südlichen Teil des Christoffelparks.

Der Christoffelpark bietet auch geführte Touren an. Zwei Stunden, vier Stunden – zu Fuß, im eigenen Wagen oder als Pick Up Safari - ganz wie Sie mögen. Die Guides machen einen Besuch des Parks zu einem echten Erlebnis. Warum? Weil ihre geschulten Augen und Ohren Tierbeobachtung in einem viel größeren Umfang möglich machen und weil ihr umfangreiches Wissen über die Geschichte des Parks, über die Flora und Fauna und über das Leben auf der Westseite der Insel sehr interessant ist.

Die Preise liegen je nach gewählter Tour zwischen 20,- US-Dollar und 42,- US-Dollar pro Trip. Eine Reservierung ist erforderlich.

Christoffel Nationalpark

Öffnungszeiten:	Montags bis samstags 7:30 – 16:00 Uhr (Kein Zutritt nach 14:30 Uhr), sonntags: 6:00 – 15:00 Uhr (Kein Zutritt nach 13:30 Uhr)
Adresse:	Savonet, West Point
Homepage:	www.christoffelpark.org
Telefon:	005999/864-0363 oder 864-0170
Eintritt:	Erwachsene 21,- Gulden, Kinder 6 - 12 Jahre 7,50 Gulden, Kinder unter 6 Jahren sind frei

Shete Boka Nationalpark

Shete Boka (übersetzt: sieben Buchten), so heißt der zweite neueste und ausgedehnte Nationalpark Curaçaos und er beginnt in Boka Tabla. Hier können Sie Ihr Auto abstellen und den Nationalpark zu Fuß erobern.

Die lange Nordküste, die sich an dieser Stelle eigentlich sogar durch 12 Buchten auszeichnet, zeigt sich von einer ganz anderen, sehr wilden und rauen Seite. Die Nordküste besteht weitestgehend aus schroffem Gestein und Korallen, die sich auf vulkanischem Boden befinden.

Das Meer ist an dieser Seite so wild, dass die Wellen sehr hoch schlagen. Ein echtes Naturspektakel. Man kann kaum glauben, dass es grundsätzlich das gleiche Meer ist, das einen auf der Westseite der Insel so ausgesprochen freundlich und sanftmütig begrüßt.

Wer den Kopf mal frei bekommen will, ist hier goldrichtig. Hohe Wellen zeigen beeindruckend die Kraft des Wassers, das unaufhörlich auf das Gestein trifft.

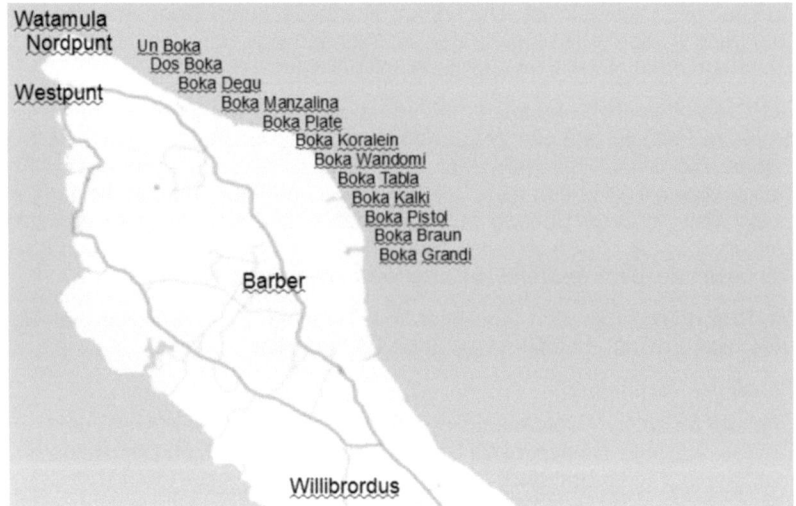

Watamula
Nordpunt
Westpunt
Un Boka
Dos Boka
Boka Degu
Boka Manzalina
Boka Plate
Boka Koralein
Boka Wandomi
Boka Tabla
Boka Kalki
Boka Pistol
Boka Braun
Boka Grandi
Barber
Willibrordus

Shete Boka Nationalpark – entlang der Nordküste

Auch 'Boka Pistol' ist ein Einschnitt an einer Felsseite, bei der die Wellen regelrecht explodieren. An manchen Stellen in Shete Boka kann man durch die Gischt ordentlich nass werden, ohne auch nur einmal mit Wasser direkt in Berührung zu kommen. Nehmen Sie sich also ggf. Wechselkleidung mit.

Im Nationalpark gibt es zwei Wanderwege. Die Wanderung auf dem Boka Pistol Weg dauert ca. 1,5 Stunden. In Boka Brown kommen zwischen April und Oktober Meeresschildkröten an Land, um ihre Eier abzulegen. Bitte berühren Sie die Eier nicht.

Der Boka Wandomi Weg führt entlang der 'rollenden Lavahügel'. Eine Steintreppe führt hinunter zum Strand und wieder hoch zu den Kalksteinfelsen und einer vom Wasser erschaffenen natürlichen Brücke. Auf diesem Wanderweg befindet sich auch ein sehr schönes Holzplateau als Beobachtungsplattform, auf dem man sich ausruhen und dem wilden Meer lauschen kann.

Sie finden den Haupteingang ca. 1,5 km hinter dem Landhaus Savonet an der Straße nach Westpunt auf der rechten Seite.

Shete Boka Nationalpark

Öffnungszeiten: täglich von 9:00 – 17:00 Uhr,

Adresse: Boka Tabla

Telefon: 005999/864-0444

Eintritt: Erwachsene 10,- Gulden, Kinder unter 12 Jahre frei

Christoffel Nationalpark

Shete Boka Nationalpark

Sport und Freizeitaktivitäten

Wandern

Die Insel bietet viele Wanderwege und die meisten davon sind mit dem Auto nicht erreichbar und daher selten besucht. Genau das macht das Wandern auf Curaçao so attraktiv, denn die nahezu unberührte Natur ist sehr faszinierend und es gibt viel zu entdecken!

Wander-Touren können Sie selbstverständlich alleine unternehmen. Bedeutend besser sind auf Curaçao jedoch geführte Touren. Sie werden so an die schönsten Punkte geführt und erhalten viele Insider-Informationen über die Landschaft, die Tiere und die Pflanzen. Bedenken Sie immer: Hier gibt es keinen Massentourismus und auch die geführten Touren finden meist in sehr kleinen Gruppe statt.

Im Kapitel Nationalparks haben wir bereits auf geführte Touren im Christoffelpark hingewiesen.

Darüber hinaus können Sie auch im Südosten schöne Wanderrouten entdecken. Das Morena Resort empfiehlt Ihnen praktische Hefte mit ausgewiesenen Routen sowie erfahrene Führer. Die einzigartige 'Salzlandschaft von Jan Thiel' z.B. vermittelt eine einzigartige Ruhe inmitten der Natur. Bei Fragen schreiben Sie an: info@morenaresort.com.

Es gibt eine weitere Möglichkeit preiswert an geführten Wanderungen teilzunehmen. Mit dem lokalen Anbieter namens „Footprints" geht es abwechslungsreich mal im Süden, mal in der Mitte der Insel und mal im Nordwesten der Insel rein in die wildromantische Natur Curaçao's. Footprints ist eine gemeinnützige Organisation, die monatliche und wöchentliche Wanderungen anbietet. Auf der Website www.Curacaofootprint.org kann man die Termine, Treffpunkte und Uhrzeiten ablesen. Die Wanderungen finden meistens in den späten Nachmittagsstunden, ab ca. 17:00 Uhr statt und dauern 2-3 Stunden. Die Kosten pro Person betragen 15 – 20 Gulden. Einfach auf der Website anmelden und mitlaufen. Mit etwas Glück spricht der Tourführer nicht nur holländisch, sondern englisch und manchmal auch ein bisschen deutsch.

Schmuckreiher

roter Rubin-Kolibri

Geocaching

Wer nicht nur wandern möchte, sondern gleich einen Schatz finden will, der ist bei dem Thema Geocaching richtig aufgehoben, denn Geocaching gibt es auch auf Curaçao.

Noch nie etwas von Geocaching gehört? Geocaching ist ein Outdoor-Schatzsuche-Spiel, in dem die Teilnehmer zu schönen oder interessanten Plätzen und Stellen geführt werden, an dem ein sogenannter "Geocache" oder "Cache" zu finden ist. Ein typischer Cache ist ein kleiner wasserdichter Behälter mit einem Logbuch und einem "Schatz" von geringem materiellem Wert.

Heute sind über 800.000 Geocaches auf verschiedenen Websites registriert, die man suchen kann. Geocaches gibt es derzeit in über 100 Ländern auf der ganzen Welt und auf allen sieben Kontinenten, einschließlich der Antarktis und der Karibik.

So gibt es auch mehrere Caches auf Curaçao, die sie zu den schönsten Stellen führen. Probieren Sie es doch mal aus. Die Koordinaten aller Caches sind auf der offiziellen Website Geocaching www.geocaching.com vermerkt. Durch die Angabe der Koordinaten ist es gar nicht so schwer den Schatz zu finden – vorausgesetzt man hat einen GPS-Empfänger.

Übrigens: Finder des Caches sind berechtigt, den Schatz zu bergen, vorausgesetzt sie legen einen anderen Schatz im Austausch in das Versteck. So gibt es immer noch Schätze für die nächste Person zu finden.

Hier fünf interessante, sehr schöne Caches auf Curaçao:
- Salina Sight: N 12° 09.038 / W 068° 59.249
- Patricks Diversity: N 12° 17.232 / W 069° 03.354
- Crab Festival: N 12° 16.255 / W 069 ° 03.489
- Bayview: N 12° 16.403 / W 069° 03.319
- Rock Garden: N 12° 15.824 / W 069° 03.041

Fahrradfahren und Mountainbiking

Um eins vorauszuschicken: Wer nur ein „normaler Alltags-Radfahrer" ist, sollte auf Curaçao die Finger von der Idee „Wir erkunden die Insel mit dem Rad" lassen.

Auch wenn die Insel eine niederländische Tradition hat und die Niederländer bekannt für ihre vielen Fahrräder sind, so ist Curaçao und insbesondere die Hauptstadt Willemstad eigentlich nicht auf Fahrradfahrer eingestellt. Es gibt wenig bis gar keine Radwege und die Straßenräder, die man sich ausleihen kann, würden Europäer als „alte Drahtesel" bezeichnen.

Wer aber ein Mountainbiker und/oder sportlich fit ist, der kann ein wunderbares geheimnisvolles Curaçao entdecken. Das Hinterland der Insel ist für Mountainbiker ein kleines Paradies, doch nicht alle Trails sind leicht zu finden. Das ist der Grund, weshalb Sie zu Beginn unbedingt eine geführte Mountainbike-Tour machen sollten.

Übrigens: Fast 80 % der Touristen, die auf Curaçao eine Mountainbike-Tour bei WannaBike buchten, waren keine Mountainbiker. Doch der ein oder andere wird seine Liebe zu dieser Sportart hier gefunden haben.

Wenden Sie sich an folgenden Anbieter:

Anbieter:	WannaBike Curaçao – Mountain Bike Tours
Adresse:	Caracasbaaiweg Nr. 340 (Hofi Granville)
Telefon:	005999/527-3720
E-Mail:	info@wannabike.com
Homepage:	www.wannabike.com

Sie fahren hier in kleinen Gruppen von nur 4 - 5 Personen unter erfahrener Leitung. Für genügend Getränke wird gesorgt. Denken Sie bitte an eine Sonnenbrille und an eine Kopfbedeckung. In einer Gruppe zu fahren hat viele Vorteile. Der Punkt Sicherheit steht jedoch an erster Stelle. Natürlich macht es auch mehr Spaß und man erfährt mit Hilfe von erfahrenen Tourführern viel über die Insel, über ihre spannende Geschichte und über ihre eindrucksvolle Natur.

Wenn Sie nach Ihrer ersten Tour mit WannaBike die Insel auf eigene Faust erobern wollen, sind Sie mit dem, was Sie wissen sollten bereits bestens ausgestattet und Sie können bei WannaBike Mountainbikes für ihre individuellen Touren ausleihen. Insgesamt gibt es mehr als 10 Mountainbike Gebiete und Routen mit verschiedenen Schwierigkeitsgraden.

Individuelle Touren im Nordwesten der Insel

Wenn Sie eine ganz individuelle Tour in Banda Abou, sprich Barber und Umgebung unternehmen wollen, dann können Sie sich auch an „Roy" wenden. Roy ist ein erfahrener einheimischer Mountainbiker, der die Gegend und den Christoffelpark wie seine Westentasche kennt und Ihnen (auf Englisch) eine Menge über Land und Leute, bzw. Flora und Fauna erzählen kann. Seine Touren veranstaltet er individuell nach Absprachen früh morgens ab 7:00 Uhr oder am späten Nachmittag um 17:00. Die Tour dauert ca. 2,5 Stunden und kostet pro Person 50,- Gulden. Rufen Sie ihn doch einfach mal an.

Anbieter:	Roy
Telefon:	005999/510-458

Quad-Touren

Das Auto ist Ihnen zu langweilig, ein Motorrad zu gefährlich und das Rad zu anstrengend? Wie wäre es dann mit einer Fahrt mit dem Quad? Lassen Sie sich von der Wendigkeit und den Geländeeigenschaften der kleinen Vehikel faszinieren und unternehmen Sie einen Ausflug in die Umgebung.

Wer schon einmal auf einem Quad gesessen hat, weiß wie viel Spaß das Fahren mit den kleinen Flitzern bringt. Die „ATV's" (All Terrain Vehicle), wie die Quads offiziell heißen, sind wie für Curaçao gemacht, weil man damit einfach querfeldein ins Gelände fahren kann.

Der Anbieter „Erics ATV Adventures Island Tours" bietet verschiedene Touren an. Die populärste ist wohl die Ostseite der Insel. Diese startet zentral in der Nähe des Curaçao Sea-Aquariums. Die Route führt an der Straußenfarm vorbei und gleichfalls am Strand von Playa Kanoa. Auch ein kleiner Trip in eine kleine Höhle ist bei dieser Tour vorgesehen.

Die Touren starten morgens um 9:00 Uhr oder nachmittags um 14:00 Uhr und dauern ca. 3,5 - 4 Stunden. Mehr Informationen gibt es auf der Homepage des Anbieters oder direkt bei Eric. Er spricht auch deutsch.

Adresse: Kaya Serafin 63,Willemstad
Telefon: 005999/524-7418
E-Mail: eric@Curacao-atv.com
Homepage: www.curacao-atv.com

Jeep-Safari

Eine Jeep-Safari-Tour ist ein Abenteuer für die ganze Familie und ein echter Tag für Natur-und Offroad-Enthusiasten. Abseits der Straßen geht es querfeldein in das wunderbare Hinterland von Curaçao. Der Christoffel-Nationalpark ist gleichfalls beliebtes Jeep-Tour-Gelände und selbstverständlich entdeckt man auch das karibische Meer mit all seinen Facetten. Entdecken Sie nicht nur die Schönheit des Meeres, sondern auch seine Macht! Mit der Tour von „Curaçao Aktief" beispielsweise gehen Sie auch schwimmen und schnorcheln in unberührter Natur, an Orten fernab von der allgemeinen Öffentlichkeit. Die meisten Anbieter auf Curaçao bieten unterschiedliche Ganztages- (6 - 8 Stunden) und Halbtagestouren (3 - 4 Stunden) an. Sie kosten ca. 60 Dollar für die Halbtagestour und knapp 100 Dollar für die Ganztagestour. Verpflegung ist meistens inbegriffen.

Anbieter: Curaçao Aktief
Telefon: 005999/433-8858
Homepage: www.curacao-actief.com

Anbieter:	Yellow Jeep Safari
Telefon:	005999/462-6262
Homepage:	www.jeep-safaris.com

Reiten

Nicht nur beim Wandern, Mountainbiken oder motorisiert lässt sich die abwechslungsreiche Landschaft Curaçaos erkunden, sondern auch mit dem Pferd bieten sich einzigartige Möglichkeiten das Hinterland der Insel auf unverfälschte Weise aktiv kennen zu lernen.

Auf der Insel gibt es einige Pferderanchen, aber kein Reitstall ist so wie das „Rancho Alegre". Pferdeliebhaber werden diese Pferderanch lieben, denn die Reitstallbetreiberin „Sophie" ist eine Seele von Mensch, der das Wohl ihrer Tiere und insbesondere ihrer 10 Pferde am Herzen liegt. Das es den Tieren hier gut geht, das sieht und spürt man. Neben Sophies Pferden leben hier auch Hühner, Gänse, Puten, Esel, Strauße, ein Pfau, Ziegen, Schafe und Papageien. So gesehen ist es eigentlich ein kleiner Tierpark. Die Besucher sind herzlich willkommen sich die Tiere in aller Ruhe anzuschauen. Reitinteressierten bietet Sophie einen ca. 1 - 1,5 Stunden langen Reitausflug an. „Nature-Reiten" nennt sie es und die Tour führt in der Tat direkt von der Ranch über einen Pfad in Richtung Seeseite. Auf einer Anhöhe hat man eine herrliche Aussicht und kann die bizarre unverfälschte Natur genießen. Das Reiten ist sowohl für erfahrene Reiter als auch für Anfänger geeignet.

Der Reitausflug in Kleingruppen von 2 - 8 Personen kostet nur 50,- Gulden pro Person. Einfach anrufen und einen Termin ausmachen.

Adresse:	Ladhuis Groot Sint Michiel (the road to Bullenbaai)
Telefon:	005999/868-1181 oder 005999/514-7100

Golfen

Curaçao bietet insgesamt drei Golfplätze, wovon wir Ihnen zwei empfehlen können:

Old Quarry Golf Course Curaçao im Santa Barbara Beach & Golf Resort (vormals Hyatt)

18 Hole Par 72 Course, Design by Pete Dye, eröffnet 2010

Dieser Traum-Golfcourse, gelegen auf dem Gebiet der Santa Barbara Plantage wurde 2010 eröffnet. Der Course besticht durch seine von Pete Dye perfekt in die Landschaft der ehemaligen Plantage gezeichneten Bahnen. Diese verlaufen zunächst direkt an der Küste entlang, dann biegt man ab in Richtung Spanish Waters, um dann unterhalb des sich dort befindlichen Tafelbergs auf stets anspruchsvollen Bahnen wieder zum Yachthafen und dem Santa Barbara Beach Hotel zurückzukehren. Das Setting und die Anordnung der Holes sind in Kombination mit der karibischen Vegetation nahezu perfekt und überwältigend. Der Platz erfordert konzentriertes Spiel, ohne dass man die grandiose Natur und die sich stets neu eröffnenden Ausblicke auf die Karibische See und die Landschaft aus den Augen verliert.

Anbieter:	Old Quarry Golf Course
Adresse:	Santa Barbara Plantation
	Nieuwpoort, Fuik
Telefon:	005999/840-6886
E-Mail:	oldquarrygolf@santabarbaraplantation.com
Homepage:	www.oldquarrygolfCuracao.com

Blue Bay Golf & Beach Resort

18 Loch Par 72 Golf Course, designed by William „Rocky" Rocquemore, eröffnet 1999

Ein gewachsener Platz mit tropischer Parklandschaft und Ocean Course Verlauf, der obligatorisch mit Golfcart absolviert werden muss, was bei der Wärme auch recht angenehm ist. Sehr abwechslungsreiche Kursführung und immer wieder der Blick auf die Karibische See. Einige Wasserhindernisse erfordern exaktes Spiel, großzügige Fairways, schnelle Greens, tiefe Bunker. Interessant sind auch Abschläge auf tiefer liegende Greens direkt am Meer.

Gelegentlich kommt die karibische Tierwelt mit ins Spiel, z.B. ein großer Leguan am Green oder an den Wasserhindernissen.

Das Greenfee ist für karibische Verhältnisse üblich.

Der Pro Shop ist gut sortiert und bietet zuvorkommenden Service. Das Clubhaus-Restaurant bietet das übliche Speise- und Getränkeangebot zu fairen Preisen.

Anbieter:	Blue Bay Golf – Curaçao
Adresse:	Landhuis Blauw, Piscadera, Curaçao
Telefon:	005999/868-1755
E-Mail:	golfreservations@bluebay-Curacao.com
Homepage:	www.golf.bluebay-Curacao.com

Mountainbiken mit Wannabike

Old Quarry Golf Course

Das schönste Meer der Welt

Schwimmen und Schnorcheln

Curaçao ist eine Insel für Menschen, die das Meer lieben. Die karibische See ist so 'freundlich', dass auch eher wasserscheue Menschen oder Menschen, die nicht gut schwimmen, das Meer lieben lernen, denn durch das unwiderstehliche, helle türkisblaue Wasser verliert man schnell die Angst vor dem kühlen Nass. Die Wellen sind meistens eher zahm bis manchmal kaum vorhanden. Das Wasser ist darüber hinaus kristallklar wie kaum auf dieser Welt. Auch die Wassertemperatur stimmt einfach, nicht zu kalt aber auch nicht zu warm – und dies das ganze Jahr hindurch. Die karibische See ist darüber hinaus sehr salzhaltig, sodass sie ausgesprochen gut trägt.

Wasser ist einfach ein herrliches Element und allein das Schwimmen im karibisch türkisblauen Meer mit seinen sanften Wellen ist ein unvergessliches Erlebnis. Doch für alle, die bislang nur geschwommen sind und noch nicht geschnorchelt haben, empfiehlt es sich, unbedingt eine Taucherbrille und einen Schnorchel mitzubringen oder hier vor Ort auszuleihen oder zu kaufen. Qualitativ gute Schnorchel-Ausrüstungen bekommen Sie bei jeder Tauchschule oder in den Sportgeschäften in Punda. Sehr gut ausgestattet ist auch der Tauchshop „Scuba Store & More", der sich in Willemstad im Schottegatweg Oost 173 befindet.

Strände von Banda Abou

Die schönsten Strände sind im Nord-Westen der Insel zu finden. Doch auf die Frage, welches der schönste Strand ist, lässt sich so leicht keine Antwort finden, denn das ist 'Geschmackssache'. Der eine mag die bewirtschafteten Strände mit guter Infrastruktur, an denen 'mehr los ist'. Der andere liebt die verträumte Bucht, in der man oft ganz alleine bzw. zu zweit ist. Hier kann man auch romantische Sonnenuntergänge genießen.

Weil Schwimmen, Schnorcheln und Tauchen ein so wesentliches Thema für einen wunderbaren Urlaub auf Curaçao ist, folgt hier eine detaillierte Beschreibung aller Strände - sowohl von Banda Abou, wo die schönsten Strände liegen als auch von Banda Ariba. Wo sie genau liegen zeigt Ihnen die Übersichtskarte auf der nächsten Seite.

Dies vorab: Insgesamt sind die Strände auf Curaçao relativ klein. Lange Spaziergänge am Sandstrand sind auf Curaçao eher nicht möglich. Die Strände dieser Insel bestehen meist aus einem Gemisch von Sand, Steinen und Korallen. Für Menschen mit empfindlichen Füßen und für Kinder empfehlen sich Badeschuhe.

Für Strandtage immer eine Kühltasche und kalte Getränke mitnehmen. Sie können Ihre Getränke lange kalt halten, wenn Sie sich einen Sack Eis bei einem Toko oder im Supermarkt kaufen. Das kostet ca. 2,50 Gulden. An dieser Stelle sei darauf hingewiesen, dass wir uns alle bemühen die Strände von Curaçao sauber zu halten. Bitte helfen Sie auch mit und sammeln Sie Ihren Müll (auch Zigarettenkippen) ein bevor Sie den Strand verlassen.

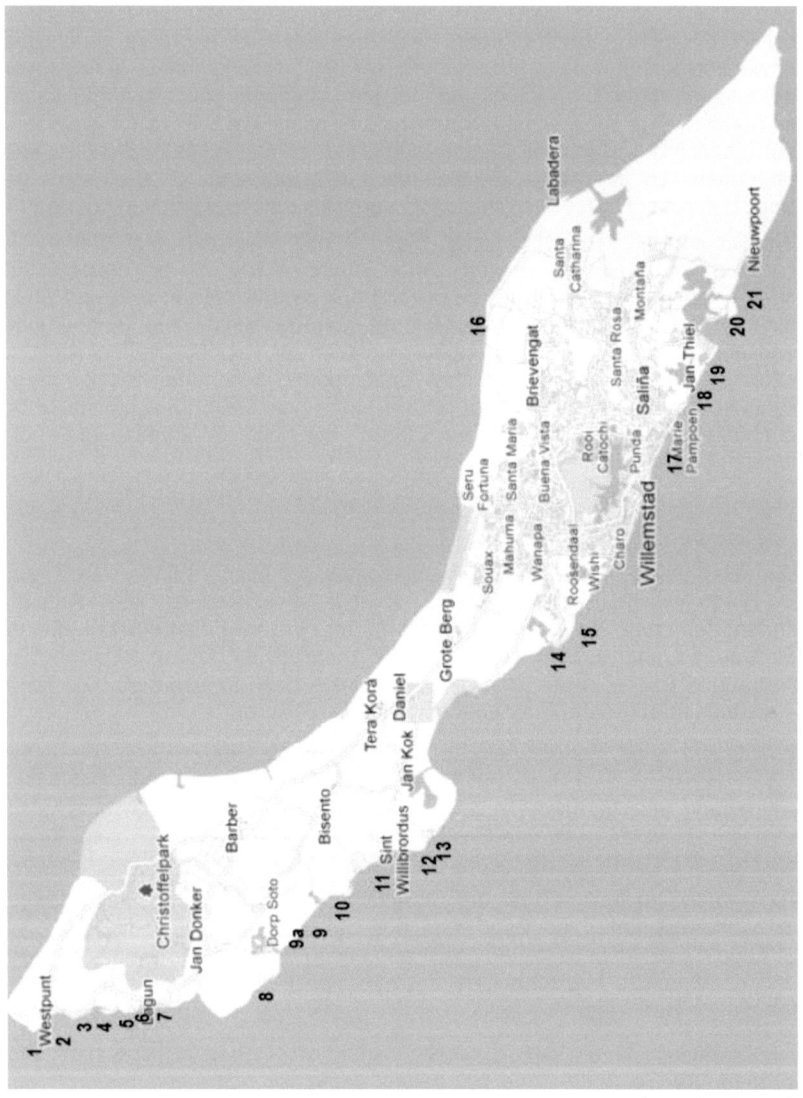

Lage der Strände

1 Playa Kalki

Taucher, Schnorchler und Sonnenanbeter finden hier einen perfekten Platz für einen Strandtag. Die kleine Bucht liegt im Norden des Dorfes Westpunt, direkt unterhalb der Kura Hulanda Lodge. Am Strand gibt es auch ein kleines Restaurant und eine Tauchbasis. Kein Eintritt, wenig Schatten.

2 Grandi /Piscado

Playa Grandi ist eigentlich kein Schwimmstrand aber man kann hier immer Schildköten sehen, weil hier die Fischer ab mittags ihren frisch gefangenen Fisch zum Verkauf anbieten und mit den Fischabfällen die Schildkröten anlocken. 1 kg Fisch kostet übrigens ca. 18 Gulden.

3 Forti

Vom Parkplatz dieses Strandes überblickt man die schönen Buchten des westlichen Teils der Insel und die kleinen Fischerboote im karibischen Meer. Der Strand bietet grobkörnigen Sand, Kiesel und fast keinen Schatten. Eine kleine Treppe und Rampe führen zum Strand hinab. Oben befindet sich ein Restaurant, welches man aber nicht empfehlen kann.

4 Große Knip (Kenepa, Playa Abou)

Der große Knip oder auch 'Groote Knip' bzw. 'Playa Abou' genannt, ist ein traumhaft schöner Strand mit türkisblauem Wasser und weißem Sand. Muss man gesehen haben.

Am Playa Abou gibt es Liegen sowie Sonnenschirme bzw. Sonnenschutzmöglichkeiten und einen Imbiss. Auch ein Eiswagen kommt hier regelmäßig vorbei. Eine Treppe und eine Rampe führen zum Strand. Liegen kosten fünf Gulden.

5 Kleine Knip (Playa Kenepa)

Nicht weit entfernt liegt der kleine Knip oder bei den Einheimischen auch 'Playa Kenepa' genannt. Dies ist ein kleiner Bilderbuch-Sand-und Steinstrand, der weniger frequentiert wird und sich gut zum Schnorcheln eignet. Hier gibt es ebenfalls Schatten spendende Palappa-Hütten und Manzalina-Bäume. Dieser Strand wird auch von den Einheimischen bevorzugt. Berücksichtigen Sie grundsätzlich, dass Strände am Wochenende stärker frequentiert sind, da dann auch die Einheimischen Freizeit haben und die Strände besuchen. Beim kleinen Knip können Sie problemlos mit dem Auto bis zum Strand fahren. Das hat den Vorteil, dass Sie Ihr Auto im Blickfeld haben. Am kleinen Knip gibt es neben einen Imbisswagen auch Liegen zum Ausleihen. Mit dem Bon, den man erhält, erhalten Sie am großen Knip die

Liegen kostenlos. Der kleine Knip bietet Ihnen übrigens auch meistens einen atemberaubend schönen Sonnenuntergang.

6 Playa Jeremi

Playa Jeremi ist ein Strand für Individualisten. Er ist wild-romantisch. Den kleinen Strand mit grobem Sand und feinen Steinen erreicht man über eine breit angelegte Steintreppe, in der mit Korallensteine 'Welcome' eingemauert ist. Das Wasser ist hier sehr klar und ideal zum Schnorcheln und Tauchen. An diesem Strand sollten Sie darauf achten, dass sie nicht alleine sind und / oder die Beach-Security anwesend ist,

Dies ist ebenfalls ein Strand, an dem am Wochenende gerne Einheimische grillen. Es ist eine freundliche Gemeinschaft, in der man sich auch als Tourist sehr wohlfühlt.

7 Lagun

Playa Lagun ist ein kleiner Strand. Auf der Klippe liegen wunderschön gelegene Appartements, die man vom Strand aus sieht, wodurch der Gesamteindruck allerdings wenig getrübt wird, da die Klippen nicht mehr naturbelassen sind. Trotzdem ist die Bucht sehr malerisch. Das Wasser ist am Ufer sehr flach und ruhig. Auch hier gibt es regelmäßig Schildkröten zu sehen, vor allem dann, wenn sie nach Rückkehr der Fischer gefüttert werden. Zu dieser Zeit können Sie auch hier leckeren frischen Fisch kaufen. Schattenspendende Strohdächer und eine Reihe Manzalina-Bäume sind ausreichend vorhanden.

Übrigens: Bei den Appartements gibt es das Bahia Lagun Restaurant. Man sitzt hier wunderschön besonders zum Sonnenuntergang.

8 Santa Cruz

Santa Cruz ist ein relativ großer Strand, doch nicht ideal zum Schnorcheln, da der Mangrovensumpf, der den Strand umgibt, das Wasser ein wenig eintrübt. Bei Santa Cruz kommen Vogelliebhaber aber auf ihre Kosten.

An der linken Seite herrscht „Captain Goodlife" mit seinem 'Let's Go Watersports'-Angeboten und seinem Beach-Hut (Bar/Restaurant). Captain Goodlife bringt seine Gäste zu abgeschiedenen Tauch- oder Schnorchelplätzen, die nur per Boot erreichbar sind. Man kann auch mit ihm Fische und Krebse fangen, die er dann nach der Rückkehr für seine Gäste zubereitet.

Wer es noch individueller mag, der kann dem Hinweisschild Playa San Juan folgen. Mit dem Auto fährt man über eine Sandstraße bis zum Landhaus San Juan. Dort muss man eine Maut von 8 Gulden pro Auto zahlen und darf dann passieren und drei Strände entdecken, an denen man auch meistens alleine ist. Besonders hervorzuheben sind folgende zwei Strände:

Große Knip

Pelikan am Strand von Santa Cruz, Foto Christph Huster

9 Strände bei San Juan

Playa Largu, das bedeutet so viel wie 'langer Strand' und in der Tat ist dieser Strand für Curaçao relativ lang. Hier gibt es weniger Sand dafür umso mehr schöne Muscheln bzw. Steine und Korallen. An dieser Stelle sei darauf hingewiesen, dass man Korallen nicht aus dem Land ausführen dürfen.

Playa Largu ist ein einzigartiges Schnorchelgebiet. Das Wasser ist glasklar. Hier sieht man viele Rifffische und Hartkorallen.

Der Strand 'Playa Manzalina' hat seinen Namen aufgrund der gleichnamigen Bäume erhalten, die dort wachsen. Hier gibt es dementsprechend genügend Schatten. Vorsicht jedoch falls es regnet: Die Bäume sind giftig.

Die Strände von San Juan sind - ebenso wie die Bucht von Sant Petru, Boca Hulu, Boca Pos Spano und San Nicholas (9a) - zwar nur mit einem Jeep bzw. Allradfahrzeug zu erreichen, aber dafür sind diese Buchten meist menschenleer und daher echte Geheimtipps. Durch die einsame Lage sind sie aber auch nicht ganz so sicher wie die anderen Strände.

Im Gegensatz zu den wilden Stränden finden Sie auf Curaçao auch Strände, die touristischer angelegt sind. Sie bieten saubere, d.h. regelmäßig gereinigte Strände, Sonnenliegen, Imbissbuden bzw. Restaurants und meist auch eine Tauchschule. Schnorchel- und Tauchausrüstungen können hier ausgeliehen werden. Dafür zahlen Sie Eintritt und/oder eine Gebühr für die Liegen.

10 Cas 'Abou

Cas 'Abou wurde von den amerikanischen Yahoo Lesern zum schönsten Strand der Karibik gewählt. Und in der Tat: Besonders an den Wochentagen bleibt einem der Atem weg, wenn man hier ankommt und das türkisblaue Meer und den schönen Sandstrand sieht. Dieser Strand liegt etwa fünf Autominuten von der Hauptstraße entfernt. Es ist ein sehr schöner Sandstrand, der auch bei Kindern beliebt ist, da es hier eine Plattform gibt, von der man ins türkisblaue Meer springen kann. Palmen und Palappas spenden Schatten. Cas 'Abou eignet sich ideal für Schwimmer jeden Alters. Der Zugang zum Moor ist leicht.

Dieser Strand verfügt über eine Bar, ein Restaurant und natürlich über Duschen und Toiletten. Hier ist auch eine Tauchbasis ansässig.

Auch Paddelboote können hier ausgeliehen werden. Am Wochenende ist dieser Strand gut besucht.

Der Strand ist täglich von 8:00 – 18:00 Uhr geöffnet.

Eintritt: 10,- Gulden pro Auto bzw. 12,50 an Sonn- und Feiertagen.
Liegen kosten 5,- Gulden.

Playa Jeremi

Sonnenuntergang bei Jeremi

11 Porto Mari

Playa Porto Mari ist ebenfalls ein schöner Sandstrand und geeignet für Kinder. Er ist aber gleichermaßen einer der bekanntesten Tauchplätze der Insel. Porto Mari verfügt über ein Doppelriff, das leicht vom Strand aus zu erreichen ist. Zwei parallele Riffs mit einem dazwischen liegenden Tal beheimaten eine Vielzahl von interessanten Meeresbewohnern, wie z. B. Flötenfisch, Ammenhai, Engelfisch, Cornetfisch, Adlerrochen wie auch den riesigen Zackenbarsch. Die Infrastruktur ist stimmig. Es gibt eine Tauchschule, Duschen und Toiletten und eine Strand-Bar mit einer großen Terrasse. Der Strand ist ebenfalls am Wochenende gut besucht.

Playa Porto Mari ist täglich von 9:30 – 18:30 Uhr geöffnet.

Eintritt: Erwachsene 5 Gulden, Kinder bis 12 Jahren frei, Liegen kosten 6 Gulden

12 Daaibooi Baai

Der Strand von Banda Abou, den wir hier erwähnen möchten, befindet sich im Sint Willibrordus Gebiet.

Es gibt keine Eintrittsgebühr und trotzdem einen recht gepflegten und bewirtschafteten Strand. Es gibt ausreichend Palappa-Hüttchen und schöne Schattenplätze.

Der Strandkiosk ist jeden Tag geöffnet, aber man kann hier auch gut selber den Grill aufstellen. Die Sonnenliegen kosten ca. 5,- Gulden – wenn Sie sie selber zurückbringen. Sie finden diesen Strand auf dem Weg nach Westpunt. Biegen Sie Richtung Willibrordus links ab und folgen Sie der Beschilderung zum Resort 'Coral Estate' bzw. „Daaibooibaai".

13 Coral Estate - Karakter

Ein schöner Strandtag ist auch im Resort Coral Estate möglich. Das Restaurant „Karakter" bewirtschaftet hier einen wunderschönen Küstenabschnitt und bietet kostenfrei Liegen und einen Loungebereich. Das Wasser ist hier ein Traum und besonders für Schnorchler und Taucher ideal. Hier kann man es sich gut gehen lassen. Das Karakter ist ein Geheimtipp, für Menschen die keine überfüllten Strände mögen und Wert auf ein gepflegtes Ambiente legen. Der Verzehr von Getränke und Speisen ist natürlich erwünscht bzw. erforderlich.

Ganz neu: Der Infinity Pool und die Poollandschaft mit Blick auf das Meer - ein Traum!

Strände in Banda Ariba

Die meisten Strände im Süden und Südosten der Insel sind Hotelstrände mit hohen Eintrittsgeldern. Sie sind in der Hochsaison häufig überlaufen. Vielfach sind sie auch als Partystrände bekannt. Andere wiederum sind nur rudimentär angelegt und entsprechen nicht den Erwartungen der meisten deutschen Urlauber. Der Vollständigkeit sind sie hier genannt bzw. in aller Kürze beschrieben.

14 Kokomo Beach (Vaersenbaai)

Kokomo Beach, der Strand der im Westen der Insel liegt, ist eine malerische Bucht aber felsig und bietet wenig Schatten. In der Hochsaison ist er schon sehr voll. Die Strandbar ist jedoch sehr schön und hat eine lange schattenspendende Terrasse. In der Nebensaison und für Partys ist dieser Strand empfehlenswert.

15 Blue Bay Beach

Der Strand von Blue Bay liegt im ‚Blue Bay Golf and Beach Resort' inmitten eines Palmenhains. Er bietet einen schönen weißen Sandstrand und eine flachen Zugang ins Meer. Der Kinderspielplatz und Swimmingpool zieht am Wochenende auch viele Familien an. Hier gibt es alles, was man sich für einen gelungenen Strandtag wünscht: Strandliegen, Sonnenschirme, eine schöne Bar mit Restaurant sowie ein Tauch- bzw. Wassersport Center. Im Eintrittspreis von 15,- Gulden pro Person sind die Liegen bereits beinhaltet.

16 Canoa

Playa Canoa können Sie nur mit einem robusten Auto erreichen. Man geht hier nicht her um einen ruhigen Strandtag zu genießen, sondern um zu surfen bzw. den Surfern zuzuschauen. Am Strand ist auch ein kleiner Fischerhafen und im 'Perla Restaurant Canoa' gibt es entsprechende Gerichte.

17 Marie Pompoen

Dies ist eher kein Strand für Touristen. Er wird aber vielfach von Einheimischen genutzt. Hier gibt es eigentlich nichts aber auch kein Eintritt.

18 Sea Aquarium Beach

- Cabana Beach

Dieser Strand liegt zusammen mit dem Mambo- Beach und dem Wet & Wild-Beach im bzw. in der Nähe des Sea Aquarium Beaches. Cabana Beach ist ein trendiger Strand mit passender Hintergrundmusik. Zugang und Liegestühle gegen Gebühr.

- Mambo Beach

Der Strand liegt direkt neben dem Sea Aquarium. Der offizielle Name ist daher „Sea Aquarium Beach", doch die meisten nennen ihn Mambo Beach. Man kann ihn als Strandbad bezeichnen. Mambo Beach ist ein Begriff auf Curaçao und er ist *der* Partystrand schlechthin. Hier geht es nicht um einen schönen bzw. entspannten Strandtag, sondern um Sehen und Gesehen werden. Er ist besonders bei jungen Menschen beliebt. Zugang und Liegestühle gegen Gebühr.

- Wet and Wild Beach

Wet & Wild ist ebenfalls ein Strand für jüngere Menschen. An der Bar gibt es kalte Getränke und Snacks und am Wochenende bietet der Wet & Wild Beach Club garantiert einen unterhaltsamen Abend! Zugang und Liegestühle gegen Gebühr.

19 Jan Thiel

Die Jan Thiel Strände liegen in der gleichnamigen Bucht bzw. am Ende des Caracasbaaiweeg. Mehrere Beach Resorts, darunter das „Papagayo", das „Chocogo", das „Morena Eco Resort" und das „Scubao Do Diving" sind hier gelegen und sie alle nutzen den Strand von Zanzibar.

- Zanzibar-Beach

Hier ist es touristisch. Entsprechend das Angebot und die Preise. Eintrittgeld (ab 6 Gulden) und eine Gebühr für die Liegen (ab 10 Gulden) sind obligatorisch. Hier gibt es alles: Duschen, Toiletten, Bars, Restaurants... Hier gibt es auch eine Tauchschule und ein Beach Spa, wo Sie eine Maniküre / Pediküre und / oder Massage genießen können. An diesem Strand gibt es die Möglichkeit flyboarden zu gehen.

20 Caracasbaai

Der Caracasbaai Strand ist ein öffentlicher kostenfreier Kiesel-Strand in der Nähe vom Spanish Water. Er wird am Wochenende auch sehr stark von den Einheimischen besucht. Es sind leider nur wenige palmenbedeckte Hüttchen vorhanden, sodass die Schattenplätze begrenzt sind. An diesem Strand gibt es zwei kleine Restaurants, die frischen Fisch anbieten.

21 Barbara Beach

Dieser Strand gehört zum 'Santa Barbara Beach and Golf Resort'. Entsprechend hochwertig und sehr schön ist es hier. Der Sandstrand ist für die Insel ungewöhnlich lang. An diesem Strand können sie vorbeifahrende Segelboote und Yachten beobachten.

Eintritt: 15 Gulden pro Person plus einmalig 25,- Gulden für den Parkplatz. Diese 25 Gulden sind gleichzeitig ein Verzehrgutschein.

Achtung: Bei vielen Stränden in Banda Ariba dürfen Sie keine Getränke mitbringen.

Tauchen

Vor mehr als 20 Jahren wurde die Unterwasserwelt rund um die Insel unter Naturschutz gestellt. Dies hat Curaçao zu einem sehr bekannten Tauchgebiet gemacht. Für Taucher gibt es neben Weich- und Steinkorallen auch zahlreiche Schwämme, Anemonen, Gorgonien, Seepferdchen, Skorpionfische, Rochen, Barrakudas, Haie, Meeresschildkröten und Sepien zu beobachten. Vor der Küste Curaçao's liegen auch verschiedene Schiffswracks, die für Taucher zugänglich sind.

Curaçao bietet mit mehr als 35 Stränden und ca.100 Tauchplätzen, wovon rund 60 küstennahe Tauch- und Schnorchelplätze sind, eine Fülle von Möglichkeiten für jeden Urlaubstag. Egal ob Anfänger oder routinierter Taucher, hier findet man alles: das passende Tauchgebiet und die passende Tauchstelle, die passende Tauchschule, den passenden Tauch-Guide und auch gute Tauch-Shops.

Der Tauchshop Scuba Store & more ist z.B. gut sortiert und befindet sich in Willemstad auf dem sogenannten Schottegatweg Oost. Der Service ist super und nach europäischem Standard. Man bekommt hier fast alles sofort und die Beratung ist professionell.

Auf dem Weg nach Westpunt, zwischen "Grote Berg" und dem Ort "Tera Kora" befindet sich die Tauchbasis "Relaxed Guided Dives" mit Tauchshop. Die Betreiber sind sehr nett, die Shopmanagerin spricht deutsch. Bei dieser Tauchbasis kann man auch bequem Tauchausrüstung leihen. Auch die Tanks sind preiswert und die Luft ist sauber, was leider nicht überall der Fall ist.

Darüber hinaus finden Sie an einigen Stränden ebenfalls Tauchbasen, z.B. (Kalki, Lagun, Porto Mari, Casa Bou, Blue Bay, Kokomo, Jan Thiel)

Unterwasserwelt von Curaçao

Da der Boden Curaçaos aus vulkanischem Kalkstein besteht, haben sich hier jahrhundertelang Korallen abgesetzt. Die Unterwasserwelt ist letztlich über 60 Millionen Jahre alt. Unmittelbar an der Küste gibt es eindrucksvolle Korallenriffe, wo über 500 Arten farbenfroher Fische anzutreffen sind. Auf Curaçao sind auch Ammenhaie, verschiedene Meeres-Schildkrötenarten und natürlich zahlreiche Anemonenarten sowie Krebse und Muscheln zu finden.

Wussten Sie, dass jedes Jahr Anfang September und Anfang Oktober – jeweils drei Tage nach Vollmond ein kleines Naturwunder im karibischen Meer geschieht? Dann nämlich pflanzen sich die Korallen fort. Dieses Ereignis nennt man "coral spawning". Tauchbegeisterte schwärmen von diesem Schauspiel, bei dem verschiedene Korallenarten und auch andere Wirbellose zeitgleich ihre leuchtend bunten Fortpflanzungszellen ins Wasser absetzen. Taucher, Meeresbiologen und Unterwasserfotografen tummeln sich bei nächtlichen Tauchgängen unter Wasser, um das einmal im Jahr stattfindende Laichen der Korallen zu erleben. Setzen die Korallen die befruchteten Eier frei, findet man sich – je nach Größe der Korallen – in einem einzigartigen Unterwasserschneesturm wieder.

Das Schönste an Curaçaos Tauchgebieten ist jedoch, dass Sie ganz einfach und leicht vom Strand weg losziehen können und bei Ihren Tauchgängen 'Die unerträgliche Leichtigkeit des Seins' hautnah erleben können. Dafür benötigen Sie lediglich die Befähigung, ohne Guide tauchen zu dürfen. Nirgendwo sonst können Taucher so selbständig und ungebunden über den Tauchplatz, -gang und Zeitpunkt entscheiden, wie auf den ABC-Inseln. Die Rahmenbedingungen sind dazu perfekt: warmes Wasser, kaum Wellen, kaum Neopren, kaum Blei. Volle Tauchflaschen werden Ihnen bei den meisten Appartements direkt vor die Tür geliefert. Leichter und besser geht es wirklich nicht. Kein Wunder also, dass Curaçao ein überaus beliebtes Tauchrevier ist, und mehr und mehr auch von den deutschsprachigen Urlaubern entdeckt wird. Curaçao ist für Taucher unwiderstehlich und wer einmal hier war, kommt gerne immer wieder.

Glücklicherweise hat sich der Unterwassertourismus auf Curaçao nur ganz allmählich entwickelt, so dass die Fische sich an die Taucher gewöhnen konnten. Ja, man hat sogar den Eindruck, dass die Fische die Taucher als ihre Artgenossen ansehen und sich keinen Augenblick bedroht fühlen.

Curaçao hat ein umlaufendes Saumriff, so dass man theoretisch einmal um die ganze Insel tauchen könnte. Hier gibt es keine vorgelagerten Riffe, wie beispielsweise in Ägypten.

In der Regel gibt es an den Stränden/Tauchplätzen einen Flachwasserbereich, den man leicht durch die helle türkisblaue Farbe des Meeres erkennen kann. An der Linie, an der das Meer dunkelblau wird, fällt das Riff ab. Wenn Sie an der Riffkante angelangt sind, dann können Sie wahlweise entweder nach links oder rechts abtauchen.

Schiffstour nach Klein Curaçao

Sonnenanbetern, die immer davon geträumt haben einen Tag auf einer einsamen Insel zu verbringen, werden den Tagesausflug nach Klein Curaçao genießen. Klein Curaçao liegt ca. 25 Kilometer vor der südöstlichen Spitze von Curaçao.

Dank der isolierten Lage ist diese Insel ein ideales Naturschutzgebiet, in dem Vögel, Krebse, Schildkröten, Frösche und Eidechsen ungestört leben können. Klein Curaçao bietet übrigens einen wunderschönen langen Sandstrand. Auf einem ausgedehnten Spaziergang (Achtung Sonne) über die Insel kann man neben Schiffswracks auch einen historischen Leuchtturm bewundern.

Mehrere Anbieter bieten Trips nach Klein Curaçao an. Viele Gäste schätzen den sehr guten Service der „MERMAID" mit dem spektakulären BBQ. Dieses Boot fährt dienstags mittwochs, donnerstags freitags und sonntags nach Klein Curaçao. Schon die zweistündige Fahrt selber ist ein Erlebnis! Manchmal begleiten Delfine das Schiff. Jene, die leicht zur Seekrankheit neigen ist eine Reisetablette zu empfehlen, da die See häufig unruhig ist und die letzten 15 Minuten sonst unangenehm sein können.

Die Fahrt beginnt am Fisherman's Pier, führt am Spanish Water entlang der Südküste Curaçaos, vorbei an Fuik und der Teufelsklippe, um den 'Oostpunt 'herum und dann wird Kurs gesetzt Richtung Klein Curaçao!

Die Mermaid hat als einziger Anbieter ein Strandhaus mit einer überdachten Terrasse, Duschen und Toiletten sowie Picknicktischen auf Klein Curaçao. Auch Sonnenschirme (Pallappas) und Strandliegen gibt es genügend.

Kosten:	Erwachsene 185.- Gulden - inklusive Vollverpflegung
Adresse:	Caracasbaai
Telefon:	005999/560-1530
E- Mail:	info@mermaidboattrips.com
Homepage:	www.mermaidboattrips.com

Angelausflüge (Hochsee)

Eine Vielzahl von Anbietern fährt mit Yachten oder Fischerbooten von verschiedenen Stellen der Insel auf die Jagd nach Sailfish, Marlin, Wahoo (wird lokal Mula genannt), Goldmakrele (Mahi Mahi), Barrakudas oder Thunfischen. Aufgrund der milden Wassertemperaturen um Curaçao, können das ganze Jahr über viele verschiedene Arten von Sportfischen gefangen werden. Auf den meisten Fischerbooten haben Sie die Wahl zwischen einem Ganz- oder einem Halbtagesausflug. Fast alle Boote bieten eine Leihausrüstung für Hochseeangeln an.

Angelausflüge können Sie direkt bei den u. a. Adressen buchen. Viele dieser Bootsanbieter haben auch Schnorchelausflüge oder Sunsettouren im Angebot.

Anbieter:	Smallfield Adventures
Telefon:	005999/663 4848 oder 005999/662 8106
E-Mail:	curacaoadventures@gmail.com
Homepage:	www.adventurescuracao.com

Anbieter:	Fish Charter Curaçao
Telefon:	005999/529-3899 Whatsapp
E-Mail:	dive@divechartercuracao.com
Homepage:	www.fishchartercuracao.com

Für alle, die es etwas einfacher, kleiner und preiswerter haben möchten:

Anbieter:	Fishing Trips in Curacao
Telefon:	005999/512-3272 Whatsapp
E-Mail:	info@fishingtripscuraccao.com
Homepage:	www.fishingtrips-curacao.com

Wassersport auf Curaçao

Curaçao ist von einem wunderschönen Meer umgeben. An der Badeseite ist das Wasser ruhig, aber es gibt auch lebhafte Stellen mit viel Wind und Wellen. So kann man auf Curaçao die verschiedensten Wassersportarten betreiben und findet auf der Insel immer den richtigen Platz und das richtige Angebot, unter anderem:

Wasserski, Wakeboarden, Flyboarden, Windsurfen, Kitesurfen, Jetski, Tubing, Bananaboat, Segeln oder Kayaken. Hier ist alles möglich:

Segeln

Curaçao ist ein großartiger Ort zum Segeln. Durch eine ständige Brise, das schöne klare Wasser und die sanften Wellen sind die Bedingungen im Süden Curaçaos, d. h. im Gebiet des „Spanish Waters", ganzjährig ideal zum Segeln. Mit dem Segeln ist es wie mit vielen Abenteuern: Hat man erst einmal angefangen, kommt man kaum wieder los. Segeln Sie auf das karibische Meer hinaus, egal ob mit einem 32 Fuß Segelschiff oder einem kleineren, aber schnellen Katamaran und lassen Sie sich den Wind um die Nase wehen.

Pro Sail z. B. bietet eine Vielzahl von Segelbooten verschiedenster Größe an. Diese können Sie mit und ohne Skipper mieten. Oder probieren Sie es selber unter fachkundiger Betreuung aus und lernen Sie segeln. Die wichtigsten Begriffe sind auch ohne viel Theorie schnell gelernt, denn Segeln lernt man durch Segeln.

Auch die „Insulinde" ist ein sehr schönes Segelschiff, das kleine und größere Segelausflüge anbietet. Wie wäre es mit einer Nachmittag-Halbtagestour bei der Sie an die schönsten Schnorchelplätze Curaçaos gefahren werden? Mit der Insulinde können Sie auch einen mehrtägigen Trip nach Bonaire oder sogar eine exotische Segel-Tour bis nach Kolumbien unternehmen.

Auf Curaçao können Sie ebenso Katamaransegeln. Die schnellen zweirumpfigen Boote sind einfach faszinierend und auch ohne Segelerfahrung können Sie mit einem Skipper sofort raus aufs Meer segeln. Beim Anbieter CatSailing können Sie sowohl eine kleine einstündige Katamaran Tour als auch eine vierstündige Sightseeing-Tour buchen. Auch hier können Sie Unterricht im Katamaransegeln erhalten. Falls Sie schon ein erfahrener Segler sind, dann können Sie sich die Katamarane selbstverständlich auch ohne Skipper ausleihen.

Pro-Sail Curaçao:	Telefon: 005999/565-6070 oder 005999/767-2233
	info@prosailCuracao.com
	www.prosail-Curacao.com
Segelschiff Insulinde	Telefon: 005999/560-1340
	sail@insulinde.com
	www.insulinde.com
Katamaransegeln:	*Telefon: 005999/527-5531 oder 005999/747-5830*
	info@catCuracao.com
	www.catCuracao.com

Jetskis, Kayaks und Banana-Boat,Speedboat

Angeln und Segeln ist Ihnen zu langweilig oder zu anstrengend? Wie wäre es dann mit einer Fahrt übers Meer via Jet-Ski? Die beste Gegend in Curaçao Jet Skis und ähnliches zu mieten, befindet sich am Caracas Bay.

Der Veranstalter „Adrenaline Tours" z. B. sorgt für eine gehörige Portion Adrenalin, denn als Anbieter von verschiedenen Wassersportarten haben Sie hier die Möglichkeiten aktiv abenteuerliche Wassertouren zu unternehmen und Curaçao so auf eine andere Weise zu erkunden. Alle Touren werden geführt. Das Versprechen dieses Anbieters ist es Nervenkitzel zu verkaufen, ohne dabei die Sicherheit aus dem Auge zu verlieren.

Aber auch ruhigere Kayakfahrten und kombinierte Schnorcheltouren sind hier natürlich möglich. Auch die meisten der anderen Segel- und Bootsanbieter bieten Kayaks, motorisierte Schlauchboote oder kleine Segelboote zum Ausleihen an.

Adrenaline Tours   Caracasbayroad

Telefon: 005999/767-6241

info@adrenalinetourscuracao.com

www.adrenalinetourscuracao.com

Windsurfen

Windsurfen auf Curaçao ist Windsurfen im ursprünglichen Sinn. Großartige Wellen und klares blaues Wasser. Egal, ob Sie Anfänger sind oder schon ein erfahrener Windsurfer. Der Anbieter „Windsurfing Curaçao" hat das richtige Equipment und das richtige Angebot.

Das beste Windsurfing Gebiet befindet sich in der Süd-Ost-Ecke von Curaçao und heißt „Spanish Water". Hier befindet sich ein schöner Sandstrand, an den nicht nur Touristen, sondern auch viele Einheimische kommen, um den Windsurfern zuzuschauen. Rund 130 Kinder trainieren jede Woche und einige von ihnen sind außergewöhnlich gute Freestyler.

Für Anfänger gibt es hier die ultraleichten, breiten Anfänger-Boards und einen Unterricht der richtig Spaß macht.

Auch Fortgeschrittene finden hier das richtige Equipment zum Ausleihen. Boards und Segel für die verschiedensten Ansprüche gibt es hier wann immer Sie wollen – sogar ohne Vorreservierung.

Windsurfing Curaçao   Caracasbaaiweg

Telefon: 005999/738-0883 oder 005999/524-4974

www.windsurfingcuracao.com

Kitesurfen

Kiteboarding oder Kitesurfen ist die am schnellsten wachsende und aufregendste Wassersportart der Welt. Es ist eine Mischung aus Windsurfen, Wakeboarden, Surfen und Parasailing. Beim Kitesurfen steht der Sportler auf einem Board und lässt sich mit Hilfe eines Lenkdrachens (dem Kite) über das Wasser ziehen.

Auf Curaçao erfreut sich St. Joris Bay unter Kitesurfern großer Beliebtheit. Auch Marie Pompoen, westlich von Willemstad, sowie das Meer vor Klein Curaçao gelten als Hot Spots unter erfahrenen Kitesurfern.

Die Ost Passatwinde und die durchschnittliche Wassertemperatur von 27 Grad machen Curaçao auch zu dem perfekten Ort, um diese Sportart zu erlernen.

Funsport Curaçao.   Nähe Vogel-Straußfarm

Telefon: 005999/511-1094

www.curacaokiteboarding.com

Wasserski, Wakeboard, Kneeboard

Auch Wasserski-, Wakeboard- oder Kneeboardfans kommen auf Curaçao auf ihre Kosten.

Egal, ob Sie bereits ein Experte im Wasserskifahren oder ein Anfänger sind, das Wasser-Skifahren in den ruhigen, flachen Gewässern von Curaçao ist eine spannende Erfahrung. Oder wollen Sie lieber das Wakeboard nehmen? Der Anbieter am Strand von Cas 'Abou hat verschiedene Wakeboard-Modelle zur Verfügung, so dass auch Anfänger das Wakeboarden erlernen können.

Wenn Sie Wasserski oder Wakeboard zu schwierig zu finden, bietet das Knee-Board den Wassersportspaß, ohne so viel Mühe! Einfach auf das Brett knien und festhalten und schon geht es los. Entsprechende Angebote finden Sie z. B. im Hilton Hotel oder am Strand von Cas 'Abou.

Tauchzentrum im Hilton   Piscadera Bay

John F. Kennedy Boulevard

Telefon: 005999/462-5000

Cas 'Abou Beach   Cas 'Abou Beach

Telefon: 005999/462-2656

info@casabaodiving.com

Flyboarden

Flyboarden, so heißt die neueste und aufregende Wassersportart auf Curaçao, die am Zanzibar-Strand von Jan Thiel angeboten wird. Nach nur einer kurzen Einführung ins Flyboarden geht es schon los und Sie können 30 – 40 Minuten über das Wasser fliegen, Kurven fahren und natürlich auch Tauchen wie ein Delfin.

Melden Sie sich hier an: Zapata Flyboard Caribbean

Jan Thiel Beach

Telefon: 005999/ 5123-359

E-Mail: flyboardcuracao@gmail.com

95

Anhang

Divi Divi Apartments Curaçao

Die Divi Divi Apartments machen einen Karibikurlaub erschwinglich!

Wenn Sie wirklich einmal vollkommen abschalten und die Natur genießen wollen, dann sind Sie bei den Divi Divi Apartments genau richtig. Es gibt insgesamt vier Apartments verschiedener Größe, die auf einem recht großen Areal von ca. 10.000 qm in der ursprünglichen Natur Curaçaos eingebettet sind.

Wohnzimmer

Terrasse

Schlafraum

Wohnambiente

- Alle Apartments haben eine schattige Terrasse mit Blick in den ruhigen Garten in dem man Vögel, Leguane und Eidechsen beobachten kann.
- Die Schlafzimmer verfügen alle über einen Ventilator und eine Klimaanlage.
- Das Wohnzimmer hat einen zusätzlichen Ventilator und ein Radio.
- Die Küche ist komplett eingerichtet und besitzt eine Kaffeemaschine, einen Toaster und einen großen Kühlschrank mit Gefrierkombination.
- In der gesamten Anlage gibt es kostenloses W-LAN.
- Im Garten befindet sich auch eine urige Grillterrasse. Hier können Sie gesellige Abende mit unseren anderen Gästen verbringen.
- Die Apartments 'Wabi' und 'Mahok' haben eine gemeinsame schattige Nachmittagsterrasse.
- Die Apartments 'Flamboyant' und 'Kalebas' haben dafür einen Relaxbereich mit zwei Sonnenliegen.

Preis:

ab 45,- Euro pro Nacht für 2 Personen inklusive Flughafentransfer, Strom Wasser, Gas und Willkommenspaket.

Einkaufsmöglichkeiten

Die nächste Einkaufsmöglichkeit liegt in Terra Cora, ca. fünf Autominuten entfernt und selbst die Hauptstadt Willemstad können Sie problemlos in 25 Minuten erreichen.

Strände

Ca. 5 - 10 Minuten entfernt liegen die schönen Strände Curaçaos, darunter Cas 'Abou, Daaibooibaai oder Porto Mari

Kontakt

Divi-Divi Apartments Curaçao

Marian Kruisdijk

Adresse;   San Sebastiaan 5b, Curaçao

Telefon: 005999 / 864-1277

E-Mail: info@dividivi-apartments-curacao.de

Homepage: www.dividivi-apartments-curacao.de

Don Genaro Curaçao Appartements

Lage

Die über 6.000 qm großzügig angelegte Appartement-Anlage liegt im Nord-westen der Insel in einem sehr ruhigen Wohngebiet ganz in der Nähe von Barber. Die 8 Appartements als auch das freistehende Ferienhaus und das neue Palapino sind absolut ruhig am Rande des Christoffel-Nationalparks ge-legen und bieten eine wunderbare Aussicht in den großen tropischen Garten und über das Naturschutzgebiet.

Ferienhaus "Tikki Balu" für 2-6 Personen

Burg-Appartements　　*Palapino + Chlorfreier Pool*　　*'M' und 'L' Appartements*

Wohnambiente

Die Appartements verschiedener Größen sind nicht nur großzügig und funktionell, sondern auch hochwertig und liebevoll ausgestattet.

Das Besondere der Don Genaro Appartements sind die schönen großen Bäder und die Außenküchen, so dass Sie in Ihrem Urlaub endlich auch mal draußen kochen und essen können.

Leistungsstarkes und kostenloses Internet (W-LAN) ist überall vorhanden.

Garten und Pallappa

Der Garten ist eine Oase der besonderen Art. Hier fühlen sich nicht nur die vielen exotisch-tropischen Pflanzen wohl, sondern auch die Tiere: zwei Hunde, zwei Katzen und fünf Schildkröten haben hier ihren „amtlichen Wohnsitz". Aber auch viele Vögel, darunter die Trupiale, Zuckervögel und Kolibris, können Sie hier jeden Tag bewundern.

Ein schattiges, leicht windiges Plätzchen ist auf Curaçao Gold wert. Im offenen Pallappa befinden sich Hängematten und Loungemöbel. Nachmittags und abends wird das Pallappa manchmal zur urigen Grillhütte oder zur Cocktailbar und so zum Mittelpunkt für gesellige Abende.

Pool und Terrasse

Der 5 x 10 Meter große Pool ist chlor- und chemiefrei. Eine hochwertige und großzügige Hartholzterrasse und bequeme Liegestühle machen einen Pooltag angenehm. Ein weiterer Relax-Pool auf dem Gelände sorgt für eine entspannte Atmosphäre.

Einkaufsmöglichkeiten

Die nächste Einkaufsmöglichkeit liegt ca. drei Autominuten entfernt, der nächste Supermarkt ist in ca. zehn Minuten zu erreichen und selbst die Hauptstadt Willemstad können Sie problemlos in 25 - 30 Minuten erreichen.

Strände

Ca. 5 - 10 Minuten entfernt liegen die schönsten Strände Curaçaos, darunter Cas 'Abou, Santa Cruz, Lagun, Jeremi und der große und kleine Knip.

Kontaktdaten

Don Genaro Curaçao Appartements N.V.

GF:	Elke Verheugen und Christopher Böhm
Adresse:	Kaminda Hofi Abou, Kavel 32-33
	Curaçao/Karibik
Telefon/Festnetz:	005999/868-3225
Telefon/Mobil:	005999/696-9273 oder 698-2442
Telefon Deutschlandtarif:	06249/9432833 (bitte nicht vor 14:00 Uhr anrufen)
Homepage:	www.dongenaro.de
E-Mail:	info@dongenaro.de

Don Genaro empfiehlt:

Lassen Sie sich im Urlaub verwöhnen und erleben Sie eine Massage mit Anouk!
Wo: Im Palappa von Don Genaro, am Strand oder in Ihrer persönlichen Ferienunterkunft.

My Name is Anouk, born in 1969 and raised on the wonderful Island of Curaçao.

I've been a massage therapist for a long time. I have a lot of experience and giving massages it's my passion.

Make your appointment and enjoy the most relaxing full body massage on the island by calling me or by sending me an E-mail:

Anouk Fortin
Massage Therapist
Call, What's App or SMS +5999 5123272
info@bamboossage-curacao.com
www.bamboossage-curacao.com